FENICS

Fieldworker's Experimental Network for
Interdisciplinary CommunicationS

100万人のフィールドワーカーシリーズ

マスメディアと
フィールドワーカー

6

椎野若菜・福井幸太郎 編

古今書院

６巻のフィールドワーカーの調査地

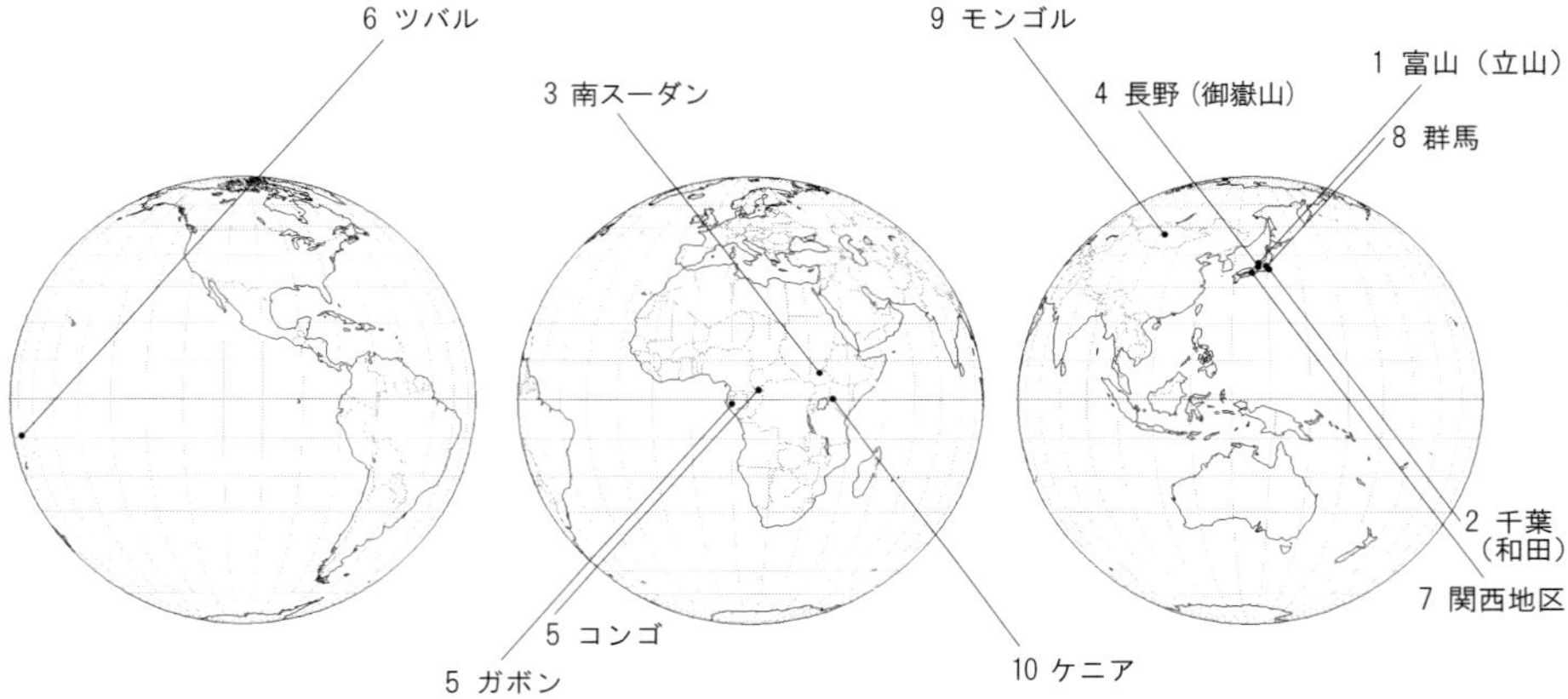

Million Fieldworkers' Series vol. 6

Toward Collaboration between Mass Media and Field Workers

Edited by Wakana SHIINO, Kotaro FUKUI

Kokon-Shoin Publisher, Tokyo, 2017

1

FENICS

100万人のフィールドワーカーシリーズ　創刊にあたって

フィールドワークは、世界中に自らおもむき世界を探究する方法である。現在日本にはさまざまな分野でフィールドワークを行うフィールドワーカーたちがいる。彼らは世界中で得難い経験を積み重ねてきた。だが、その経験は残念ながらあらゆる分野や学界・産業界の壁を越えて広く伝わっているとは言い難い。

このシリーズを企画したのは研究者フィールドワーカーたちが立ち上げたグループFENICS（Fieldworker's Experimental Network for Interdisciplinary CommunicationS：NPO法人）である。フィールドワークに興味がある人、これからフィールドワークをしたいと思っている人、ほかの分野のフィールドワークの知識や技術を学びたい人、フィールドワーカー同士で役立つ情報を交換したい人すべてに、私たちの経験を届けたい。そんな思いをもつ私たちの活動に賛同してくださった古今書院の関秀明さんのバックアップにより、15巻に及ぶ、あらゆる分野を横断するフィールドワーカーシリーズが発刊される運びとなった。

私たちFENICSは、フィールドワークの方法や視点、思考を互いに学び議論しあい、また地域に特有な情報、経験知などを交換したい、と活動し始めた。立ち上げにかかわったのは自然地理学、雪氷学、地球化学、社会－文化人類学、人類生態学、民族植物学、地域研究といった、まさに分野を横断するフィールドワーカーたちだ。人が人をつなぐことで出会った私たちは、それぞれのフィールド話、研究活動の話に湧き、ネットでは得られない情報を、そして生きるエネルギーをお互いもらってきた。この知的興奮を、研究者の世界だけに閉じず、もっと多くのフィールドワーカー、さらに外の世界に関心のある産業界をはじめ幅広い方々に伝えたい。そしてFENICSの輪に入ってもらい、ともに経験したい。そうすればフィールドワーカーの計り知れない豊かな経験知があらゆる分野、業界につながり新たなもの／モノを作り出せるのではないか――。そんな希望を、私たちは持っている。

本シリーズは、まさにそのはじまりである。フィールドワーカーになりたいあなた、他分野から異なる発想を得たいあなたも、ぜひFENICSのムーヴメントに参加しませんか（くわしくは巻末の奥付とカバー折り返しをごらんください）。

FENICS代表　椎野若菜

Part Ⅲ
誰のために、何をつくり、どう発信するか

イントロダクション　マスメディアとフィールドワーカー

椎野若菜

フィールドワーカーと、マスメディアの関係とは

本書は、専門性をもってあらゆるフィールド（調査地）にでかけてフィールドワークし長年、調査研究をしているフィールドワーカーと、マスメディアにいる人びと、そしてこの異なる双方の関係性に焦点をあてた巻である。編者としては、ふたつの立場やそれぞれのもつ論理の違い、そこからくる齟齬を明らかにしつつも、この情報氾濫した、ときにあらゆる政治的権威が働き、民主的に情報を発信する権利すらあやうい世界において、しっかりとフィールドという現場からさまざまな事象、世界をみてきたフィールドワーカーと、マスに対し情報を一気に流しうる立場にいるマスメディアの人間が、協働する関係をもって情報発信できるようにと願っている。まずは双方が直接的にコミュニケーションできるアリーナをつくるために、本書を提案している。マスメディアを中心につくられる言説と、フィールドワーカーが現地で直面した「問題」については、本シリーズ7巻『社会問題と出会う』（白石・椎野編）で扱っている。こちらもあわせてご覧いただきたい。

マスメディアとフィールドワーカーは協働できるのか？

本書にはマスメディアから人類学者に転身した鈴木・村橋の二人が執筆している。たとえば新聞記

者時代の鈴木の経験によると「加害者は悪、被害者は善」といった予め決まったストーリーや、科学技術の成果に関する記事であれば、何に役に立つのか強調せねばならず、読者が理解できないことであれば書かなくていい、といった「教え」、すなわちマスメディアの定型の論理の追い方が肌に合わなかったという（110頁）。飯田・原による編著『電子メディアを飼いならす』（２００５）でもマスメディアが「マス」の視聴率をねらって施そうとする「やらせ」、もしくは「わかりやすいストーリー」についてとりあげられた。村橋（52頁）は、そうした「やらせ」に関する問題はテレビとオーディエンスの共犯関係であるという。飯田らの編著にも、本書にも、フィールドをよく知り、フィールドの人びとの立場にたつ人類学者にはとうてい受け入れがたい取材、編集の事例が言及されている。12年を経たいまも、マスメディアのスタンスは大枠、残念ながら変わらない実情をうかがわせる。

他方、批判や齟齬をこえ、マスメディアとの協働についてポジティブな見解をもつ研究者もいる。たとえば小林は「フィールドワーカーが問題の複雑さを明らかにすることに長けているとするならば、マスメディアは問題をわかりやすく伝えることに長けているといえよう。」だが、単純化すると弊害が大きくなる。だからこそ、「現地社会の複雑な現実を知っているフィールドワーカーと協働できるスペースがある」という（107頁）。

たとえば私が寄稿をお願いした後藤ディレクターの仕事の姿勢は、協働の可能性を感じさせた。彼女との出会いは、『プラネット・ベイビーズ』という世界の子育てに関するBS番組で、後藤がケニア・ルオ民族の漁村での取材をもとにして作った台本を私が確認し、コメントするという仕事の依頼がきたときだ。子ども目線にたった取材の仕方、台本を書くときの現地の文脈への気遣い、その後のやりとりにしても、いたって私は自然と感じ、また何か一緒にできるか？と思ったのである。本書に寄稿してくれた章の主題は「満蒙開拓団」のドキュメンタリー制作に至るまでの話で、作品そのものも期待どおり、隠されていた残留孤児の実情と背景を描く、とても優れたドキュメンタリーだった。

これからのマスメディアとフィールドワーカーの関係

インターネットがこの世に現れてから、情報が満ちあふれている。誰もが簡単に、知りたい情報に関するキーワードを打ち込めば、大量の情報のリストがたち現れる。そこから、使用者は情報を選択しなければならず、「真実」を探すのもむずかしい。誰かの思い込み、意図的な作為のために、たちまちに勝手なイメージ、単純なメッセージ性などが手伝いフェイクニュースが広まってしまい、それが少なからず影響を及ぼす世の中になってしまった。

情報の渦にいる大衆が、識字率の高い日本でも新聞を読まない、また若者のＴＶ離れもすっかり多くなった。好きな情報だけを享受する、偏った情報・思想のみを追い、その世界にだけひたる人びと。こうした時代に、マスメディアも生き残りをかけて、その存在意義が問われだしているのは間違いない。視聴者は本当に何を求めているのだろうか。すくなくとも、現場の文脈に沿った良質なドキュメンタリーは求められている。あるいは、作らねばならない、とマスメディアもその存在意義として考えているはずだ。多くの研究者もその必要性を感じ、フィールドで見た事実をもとに協力したいと思っている。思想的、政治的条件、経済的条件、企業の都合にふりまわされない制作、放映／上映環境を協力してつくれないか？　だからこそ、現場に出かけ、現場について長年の関係性をもつフィールドワーカーとの信頼関係の構築は重要であるのだ。

このように、本書にはマスメディア、フィールドワーカー、マスメディアから転身したフィールドワーカーという３つの立場の人びとが寄稿している。いまや研究者の卵がマスメディアに転身する人も少しずつ、増えている。そうした方々をキーパーソンに、本書を機にそれぞれの立場で言い放ったままでなく、すこしでもいい関係、願わくは欲した者同士が協働できる、情報交換のやりとりの場を、FENICSはつくっていきたいと思っている。もちろん、ときにFENICSはフィールドワーカーの立場を守るべくフィールドワーカーの知的財産、権利などを主張する団体になるかもしれない。またときに、ＴＶディレクターが探すフィールド研究者を紹介するかもしれない。逆に、フィールド研究者が探すＴＶディレクターや新聞記者のマッチングを試みるかもしれない。

いまや、研究者自身もいわゆる大手マスメディアのみに頼らず、野口のように、自分たちでも発信するメディアをつくりだしているのだ。

最後に本書の構成をざっと概観しご紹介しよう。Part Iは「せめのマスメディア、受け身のフィールドワーカー？」と題し、「大衆」に対しいまなお圧倒的な支配権をもつマスメディアに、フィールド研究者はどのように対峙しているのか、まず2件の事例をもってみる。福井は、富山にある彼の職場の博物館をときおり訪ねてくる記者との立山における「氷体」についてのざっくばらんな話題が発端となり、十分な観測データによって「氷河」と判断できるまでマスメディアに追いつめられながらフィールドワークを行うことになった。安井は、動物愛護の波を受け世界的に反捕鯨の気運が高まりマスメディアでも多くとりあげられ、またあらゆる手段で反捕鯨運動が繰り広げられるなか、日本の捕鯨の町は実際にどうなっているのか、地元の人びとを舞台にマスメディアが描いた調査地の姿と現場の事実とのギャップを自身のフィールドワークにより掘り下げる。報道カメラマン出身の人類学者・村橋は、カメラマン時代に経験した「限界集落」についての取材経験と、人類学の道に入ったのちに南スーダンの内紛に巻き込まれる過程で現場の様子とメディアによる報道、人びとがインターネットを通じ声を発する情報空間を目のあたりにする。マスメディアの喚起する社会的想像力を超える、フィールドワークの可能性を知る。

PART II「マスメディアとフィールドワーカーの関係の模索」では、フィールドワーカーとマスメディアとの摩擦、およびフィールドワーカーからマスメディアへの提言、そして双方の立場を経験した研究者からの発言が提示される。朝日は、自然災害現場での結論ありきのマスメディアの取材の方法や当事者意識の欠けた現地での振る舞い、的外れな人格にかかわるような質問など見聞きした経験から大きな違和感をもち、「果たして歩み寄る手段があるのか、見当もつかないでいる」と結ぶ。

アフリカ熱帯林で調査する西原は、しばしば一般の日本人が想像もできないような異郷にいる日本人として面白おかしく描くTV番組などにうんざりしていたが、そうした類の番組制作者は概して無礼で、視聴率最優先の番組制作に対し大きく苛立つ。だが、「アフリカの野生動物や先住民の在り方にかんする事実関係を多くの日本人に知らされぬまま時だけがすぎてはならない」ゆえ、彼らの考える「わかりやすいストーリー」に基づいた撮影や取材でなく、現地の状況、そして調査研究の経験上からくるフィールドワーカーに耳を傾けるべきだ、と影響力を与えうるTVディレクターに要望をだす。

地球温暖化によって「沈む国」としてセンセーショナルに繰り返し報道された「ツバル」をフィールドとする小林は、マスメディアへの批判や数々の齟齬ののち、協働を模索する。

そして新聞記者出身で人類学者となった鈴木は、マスメディアの論理や立場と研究者のそれ、に悩みつつもあらゆる業界の人びとがかかわる生命科学ラボでの「取材」では経験できないフィールドワークの面白さについて明らかにする。

最終Partの「誰のために、何をつくり、どう発信するか」では、TV会社で何本も社会派ドキュメンタリーを作成してきた後藤の章から始まる。満蒙開拓団をテーマにしたTV番組制作にあたり、資金や放送業界特有の制約があるなかでのフィールドワークの過程を紹介し、その作業に研究者との共通点、また協働にむけてのマスメディア側から研究者への提言でしめる。

最後の2つの章は、研究者自身が、フィールド（調査地／対象地）についての情報発信のあり方を考え、自らメディアをつくる試みを行っている事例であり、まず山口と清水は、人びとの暮らしの場が突然に「世界遺産」となったモンゴルで、研究と人びとの生活に大きなギャップがあった現場を、両者をむすぶしくみを住民参加型の文化遺産保存活用という形でワークショップを重ねていく。村の人びとと調査し、博物館展示をともにつくり、解説ツアーも村人自らが行っていく。研究調査内容もわかりやすく、タブレットで見られるように開発した。

開発一直線のアフリカの国々では、先進国をおって近代化していくことが政府の目標であり、人びと自身も自らの歴史への関心、変化の記録についての関心は薄い。野口は共同研究者と共に、変化の渦中にあるケニアにおける人びとの暮らし、歴史についてのフィールドワークの成果を、研究者自らの時系列的な変化の視覚化、デジタルアーカイブ化するためのメディア開発の試みについて紹介する。

さて、それではフィールドをめぐるフィールドワーカー、マスメディア、その間を行き来した経験者による、それぞれのエピソードから独特の立場や業界文化を読み取り、すでに始まっている分野をこえた協働にむけて考えていただきたい。

参考文献

・飯田 卓・原 知章（2005）『電子メディアを飼いならす――異文化を橋渡すフィールド研究の視座』せりか書房.

Part I

せめのマスメディア、受け身のフィールドワーカー?

「大衆」に対し、いまなお圧倒的な支配権をもつマスメディアに、フィールド研究者はどのように対峙しているのか。マスメディアに追い込まれつつも辛うじて協働していった飛騨山脈での日本初「氷河発見」に至るまでのフィールドワーク(福井)、捕鯨の町を舞台にマスメディアが描いた調査地の姿と現場の事実とのギャップを掘り下げるフィールドワーク(安田)。報道カメラマン出身の人類学者が考える、マスメディアの喚起する社会的想像力を超えるフィールドワーク(村橋)が示される。

1 マスメディアに追い込まれつつフィールドワークする

立山連峰の氷河研究

福井 幸太郎
FUKUI Kotaro

巨大な氷体を偶然発見

２００９年９月16日、濃色に澄んだ秋晴れの午後、私は国際山岳ガイドの北村さんと共に立山の主峰雄山《おやま》（３００３ｍ）東面にある御前沢《ごぜんざわ》雪渓で橇に載せたアイスレーダーを引きずって雪渓の厚さを観測していた。立山最大規模を誇るこの雪渓は秋でも長さ700ｍ、幅200ｍとスキー場一面くらいの広さがあり、観測しながらゆっくり下ると末端のモレーン（氷河が運んだ土砂でできた堤防状の丘）に到着するまで1時間近くかかる。

アイスレーダーとは、電波を下向きに発射して岩盤からはね返ってくる電波を受信し氷の厚さを測定する観測機器だ。私が使っているアイスレーダーは総重量25kg程度で、なんとかザックに入れて持ち運べる山岳地でも運用可能な小型タイプである。今回の観測はこのアイスレーダーの電波受信感度やノイズ除去の設定をテストするのが目的だった。

アイスレーダーには7インチの液晶モニターがついていて魚群探知機のように雪渓の断面が随時モニターに映し出される。雪渓最上流部から観測をはじめるとすぐに厚さ１～２ｍの積雪の下に氷体（氷の大きな塊）が存在することを示す反射構造が映し出された。さらに下流へ下ると氷体はどんどん厚みを増していった。末端のモレーン手前の氷厚は、なんと30m近くに達した。氷体があってもどうせ10m程度だろうと予想していたが、思いがけず国内で最も厚い氷体の存在を示すデータが取れてびっくりした。

モレーンに到着すると北村さんが「観測は上手くいきましたか?」と聞いてきた。「すごいデータ

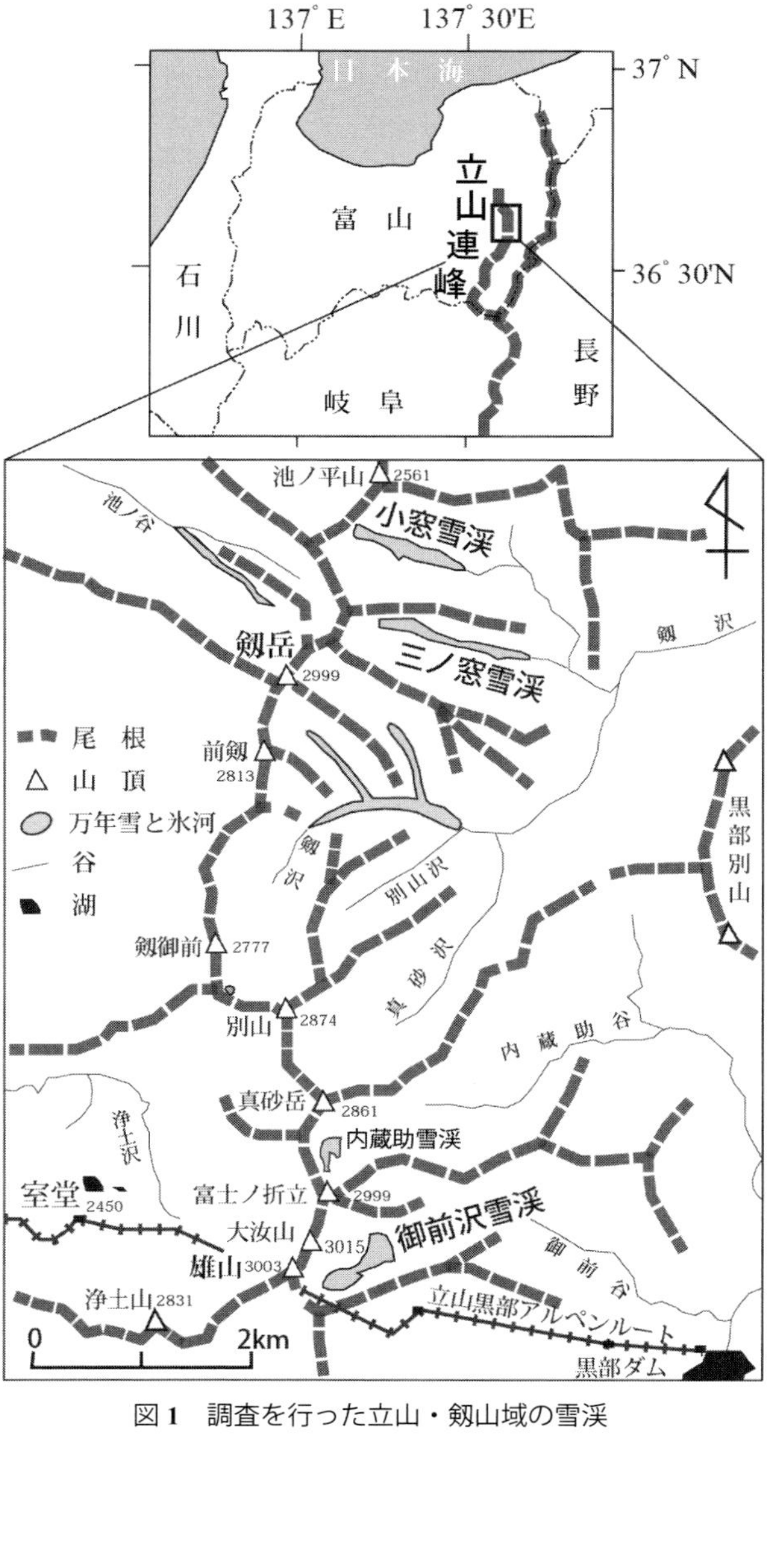

図1　調査を行った立山・剱山域の雪渓

が取れましたよ。ざっと見たところ氷の厚さは30mぐらいありそうですね。これだけ厚ければ氷河のように動いていてもおかしくないです」と答えると「へー、この雪渓、薄そうに見えたけれど意外に厚いんだ」と驚いていた。

モレーンから雪渓を見上げると、表面に露出している汚れた黒っぽい氷にキラキラ光る水路が幾筋も刻まれており、水路はムーラン（氷河の割れ目が水流で広がってできるマンホールのような縦穴）に流れ込んでいた。心の目で見れば、今まで観測を行ってきたヒマラヤや南極半島の氷河のミニチュア版のようにも見える。

この日の調査はこれで終わりにした。モレーン上で行動食を食べた後、「なんちゃって氷河発見、東スポなら記事にしてくれるかもね」と北村さんと冗談を言いながら帰路についた。博物館に戻り今回の氷河研究の仕掛け人の一人である飯田 肇学芸課長に「御前沢の氷の厚さ、30mもありましたよ」と話すと「それはすごいね。今後、詳しく研究を進めていこう」とご機嫌な様子だった。

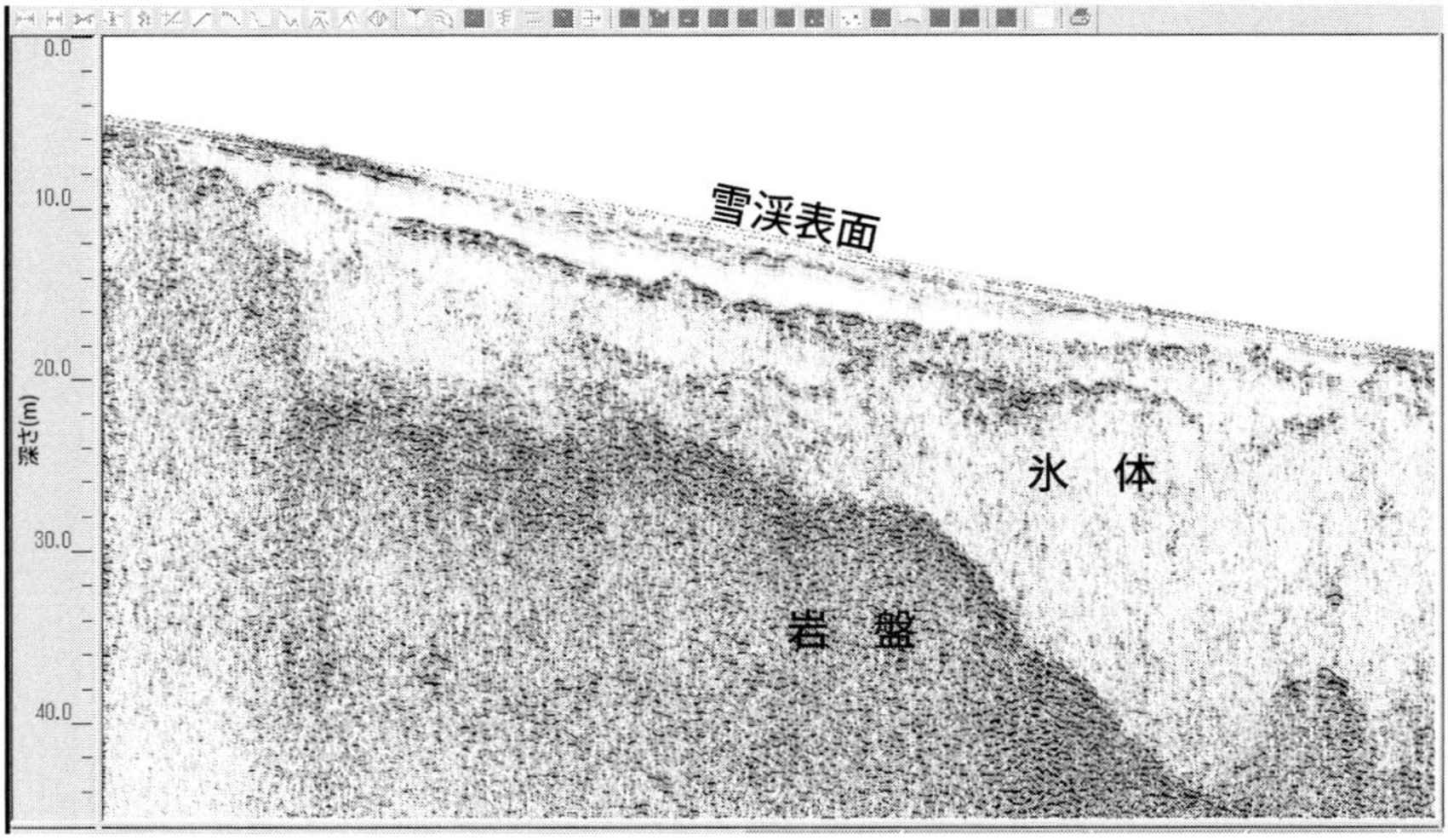

図2　2009年9月16日の御前沢雪渓下流のアイスレーダー画像
右端の雪渓末端に近づくにつれて氷体が厚くなっている.
横軸の長さは約400m.

3週間後の10月上旬、私は名古屋大学の藤田耕史准教授のヒマラヤ氷河学術調査隊の一員としてネパールの氷河観測に出かけた。当初ターゲットにしていたのはネパール西部のダウラギリⅠ峰（8167m）の近くにあるリッカサンバ氷河であった。しかし、予想外の大量残雪のため途中で撤退を余儀なくされた。

急遽、カトマンズの北約60㎞に位置するランタン谷のヤラピーク（5520m）脇にあるヤラ氷河にターゲットを変更した。ランタン谷はかつてイギリスの登山家ティルマンに「世界で最も美しい谷」と称賛された風光明媚な谷である。標高5000m付近にベースキャンプを置いて1週間程滞在して、御前沢雪渓でテストしたアイスレーダーを使った氷厚観測を行った。長さ1500m、幅2000mと小さめの氷河だが、それでも厚さが最大で60mもあり、GPSで流動を観測すると年間7mほど動いていた（Sugiyama et al., 2013）。氷河中央には大きなクレバスもあり、「やはり本物の氷河はスケールが違う」とポストモンスーンの晴天が続くなか、久々の標高5000mを超える高所での観測を楽しんだ。

帰国後の11月中旬、博物館によく足を運んでくれる北日本新聞の記者が「なにか最近、立山でニュースになりそうなネタはないですか？」と聞いてきた。私と飯田課長は「雄山の東側にある御前沢雪渓で9月半ばにアイスレーダー観測を行ったら、厚さ30mもある巨大な氷体を発見したんですよ。ひょっとすると氷河かもしれない」と半分冗談で答えた。念のため、「あくまでも氷河の可能性がある氷体発見であって、氷河発見ということじゃありませんよ」強調しておいた。

しかし、まさかこれが、その後3年以上にわたって続く大騒ぎの発端になるなど、予想もしていなかった。

地方紙の一面に大きく掲載

２００９年11月20日朝、自宅で眠い目をこすりながら北日本新聞を見ると「立山に氷体、国内最大砂防博物館が確認、氷河の可能性も」と一面に大きく記事が掲載されていた。どうせ掲載されても三面記事程度だろうと予想していた私は意表を突かれてとても驚いた。

博物館に出勤すると時々取材に来る共同通信社の若い女性記者から「今から伺ってよろしいでしょうか」と電話があった。女性記者は急いで博物館に来て「氷河とは何か?」、「氷体が見つかった場所や日時、現場の状況」、「氷体の規模」、「氷河と認められるには、ほかにどんなデータが必要なのか」について聞いていった。また、記事に使っても大丈夫な写真を提供して頂けないか頼まれた。「これは大きなニュースになりそうです。私は文系出身なので氷河のことは詳しくないですが、わからない点はまた電話しますね」と言って会社へ戻っていった。

記者が戻ってしばらくしてから、インターネットを見ていると47NEWSの写真ニュースやyahooニュースのヘッドラインに「立山で氷体発見、氷河か」という内容の記事が載りはじめた。その後、マスコミからの問い合わせ電話が博物館に殺到してきて、ほかの仕事がまったく手につかない状況になってしまった。「氷河の可能性のある氷体を発見しただけで、氷河発見と間違って書かれるのだけは避けよう」と言い合わせ、私と飯田課長で手分けして電話に対応した。

電話取材は夜7時過ぎまで続いた。こんなことになるとは予想していなかったためヘトヘトに疲れ果てた。Googleで「立山　氷河」と検索するとたくさんの記事が引っかかった。念のため、各記事の内容を確認すると一番恐れていた「氷河発見」と間違って書いている記事はなくて、すこしホッとした。

その後も立山の氷体に関してはマスメディアからの問い合わせや取材が相次いだ。調査に同行したいと申し出る記者やカメラマンも現れた。富山県の広報担当からも問い合わせが来た。冗談半分で氷河かもしれないと言ったのに、いつの間にか本当に氷河か否か白黒をつけるまで研究しないと引っ込みがつかなくなっていた。マスメディアの力を思い知らされた。

攻略方法はあるのか

氷河とは文字通り氷が河のように流れているもののことを指す。学術上よく用いられる氷河の定義は「陸上で常に流動している氷雪の集合体」である（上田、２０１４）。御前沢の氷体が氷河であると証明するには、現地で氷の流れ（流動）を確認する必要がある。

多くの氷河の流動速度は年間10～20m程度（1日あたり3～6㎝ほど）である。このため氷河の流動は目で見て確認できるものではない。流動を観測するためには氷河上に目印となるポールを立て、その位置の変化を測量用ＧＰＳやトータルステーションといった高精度な測量機器で繰り返し測量する必要がある。

20代後半～30代前半にかけて私は南極や南極半島、ネパールヒマラヤ、ロシア・アルタイ山脈（本シリーズ第1巻掲載）など世界各地の氷河や岩石氷河で流動観測の経験を積んでいた。傾斜がきつい氷河上でもハンマドリルだけで鉛直にポールを埋め込んだり、バランスを崩したら滑落しそうな岩場でも素早く三脚をセットできたりと高難度の観測をこなしてきたので、流動観測にはそれなりに自信があった。

しかし、立山連峰の雪渓では、今までのやり方が通用せず流動観測が不可能かもしれないと考えていた。世界的な豪雪地の立山では、1年間のうちに20ｍもの雪が雪渓上に積もってとける。このため、雪渓表面の雪や氷が1日数㎝、多い日には10㎝以上もとけるため、ポールが短期間のうちに倒れてしまうからである。

なんとか攻略方法はないか？　積雪を貫通して氷体にまで達する長めのポールを雪渓に鉛直に埋め込み、ポールがほぼ鉛直に立っている期間（1～2カ月間）に高精度ＧＰＳでその位置を繰り返し測量して流動を求めるやり方を試してみることにした。

２０１０年秋、流動観測開始

翌年の２０１０年8月末、御前沢雪渓に6本のポールを埋め込み、約1カ月後の9月下旬～10月上旬にその位置を再測量した。再測量時、ポールは6本とも無事立っていて胸をなで下ろした。

6本のポールのうち3本は下流方向に10㎝前後移動していた。移動量は小さかったものの、とりあえず、氷体が流動しているデータが取れたのでホッとした。しかし、問題があった。残り3本のポールが何故か上流側や横方向へ数㎝動く怪しい挙動を示していたのである。原因はおそらくポールが傾いてしまったためだと考えられた。ＧＰＳ観測をクロスチェックする観測は行っておらず、この年のデータだけから氷体が流動しているという充分な確信は持てなかった。観測精度を上げるためには、より深くまで氷体に埋め込むことができるさらに長めのポールを用いる必要性を感じた。

観測が一段落した秋になると「流動観測結果はどうでしたか？」とマスメディアからの問い合わせが頻繁にあった。さすがに学会発表もしないで結果について話すわけにはいかない。「11月30日に東京の国立極地研究所（極地研）で開かれる第33回極域気水圏シンポジウムで、今年度の観測結果について発表します」と答えた。極地研のシンポジウムを発表の場に選んだ理由は、私の元職場なのでたくさんの仲間がいて融通がきくし、マスコミ対応に慣れた広報室もあるからである。

発表前に、ポスドク時代にお世話になった極地研所長（当時）で日本雪氷学会長（当時）の藤井理行教授に研究結果について相談した。「流動量が10㎝と小さいし、1年分のデータだけで氷河と言い切るのは無理がある。結論は来年以降の結果待ちということにしよう。前のめりになるな！」とアドバイスをもらった。

極域気水圏シンポジウムの私の発表にはテレビ局数社と新聞各社の記者が集まっていて、ビデオカメラが数台設置してあった。「いやいや、エラいことになってしまった」と異様な緊張感が漂うなか、13分間の発表をなんとか乗り切った。結論では「一応、御前沢の氷体で流動が確認できた。ただし、データが不充分なのでまだ氷河発見とは言えない。来年以降も調査を継続する必要がある」と強調した。

発表後、記者から「結局、氷河発見といえるのか？」と質問攻めに遭い、おさまりがつかない雰囲気になった。極地研の広報室に頼みこんで一室を借り、臨時の記者会見を開いた。藤井教授にも同席して貰い「今回の発表ではわずか1～2カ月の流動データしか示されておらず、観測された流動量も小さい。氷河の可能性は充分あるが来年以降の観測結果を待つ必要がある」とまとめてくれた。おかげで会見をなんとか切り抜けることができた。

ついに氷の流れをとらえる

２０１１年からは文部科学省の科学研究費が採択された。北村さんに加えて立山ガイドで最強の雪掘り男と言われている富山さんや、信州大学出身で積雪観測にも詳しい前原さんら強力な山岳ガイドの協力を受けることができるようになった。また、測量用ＧＰＳも追加購入することができて、研究しやすい環境が整ってきた。

　前年の観測から御前沢雪渓は動いているのは間違いなさそうだが、それほど大きくは流動していなさそうだという感触を得ていた。このため、この年はより大きく流動していそうな剱《つるぎ》岳北東面にある三ノ窓《さんのまど》・小窓《こまど》雪渓を重点的に調査することにした。三ノ窓雪渓は長さ１６００ｍ、幅１００ｍ、小窓雪渓は長さ１２００ｍ、幅２００ｍに達する国内有数の面積を誇る万年雪である。雪渓に通じる一般登山道はなくアプローチに２日もかかり、雪渓観測のメインシーズンである秋になると幅が数ｍにもなる巨大なクレバスが多数口を開けるため相当経験を積んだ登山者でないとたどり着けない。このため、山岳研究家としても著名な今西錦司が昭和初期に記載的な研究を行って以降、100年近く学術調査が行われてこなかった。

　秋になるとクレバスが出てきて厄介なので、

写真１　三ノ窓雪渓でのアイスレーダー観測

ブロック雪崩で落ちてきた大きな雪の塊を避けながら，観測を行った．

まず、積雪期の6月上旬にアイスレーダーを使った氷厚観測を実施することにした。この時期の三ノ窓雪渓は厚さ20ｍを超える雪崩のデブリ（残片）に覆われており、30分に一度の割合で八ッ峰側からブロック雪崩が落ちてくる。直撃されたらひとたまりもないと緊張感漂うなか、なんとか無事観測を終えることができた。

観測の結果、三ノ窓雪渓は厚さ40ｍ以上（後の調査で厚さ70ｍと判明）、長さが１２００ｍに達する巨大な氷体を持っていることが判明した。同時に観測を行った小窓雪渓も厚さ30ｍ以上、長さが900ｍに達する氷体を持っていることがわかった。「これだけの規模の氷体なら間違いなく動いている！」と流動観測へのモチベーションが一気に高まった。

９月中旬、三ノ窓・小窓の両雪渓で流動観測を開始した。前年の観測から３ｍのポールでは長さが足りなくなることが判明したので、より長い４・６ｍのポールを用いることにした。これだけの長さのポールなら傾くことはほとんどない。また、ＧＰＳ観測をクロスチェックするために、雪渓脇の岩壁に防水デジタルカメラを設置してポールを１時間間隔でインターバル撮影した。

10月中旬のポールの再測定の際にはＮＨＫの取材班も同行した。この年は融雪が大きく進んでいて10月中旬には氷体の一部が表面に露出、幅２ｍ以上のクレバス（氷河にできる割れ目）やムーランといった氷河特有の表面形態が多数出現していて撮影には絶好の条件がそろっていた。

ＮＨＫの取材班は、最初にわれわれの流動観測の様子を撮影し、その後、懸垂下降でクレバスにももぐって内部の氷の様子を撮影した。最終日には、ＮＨＫのヘリコプターが雪渓全景の様子を撮影するために上空に現れた。

博物館に戻りＧＰＳ観測の結果を解析してみると三ノ窓、小窓の両雪渓は予想通り動いていた。流動量は１カ月あたり30㎝に達した。一年あたりに換算した流動量は約４ｍ、ヒマラヤなどの小型氷河

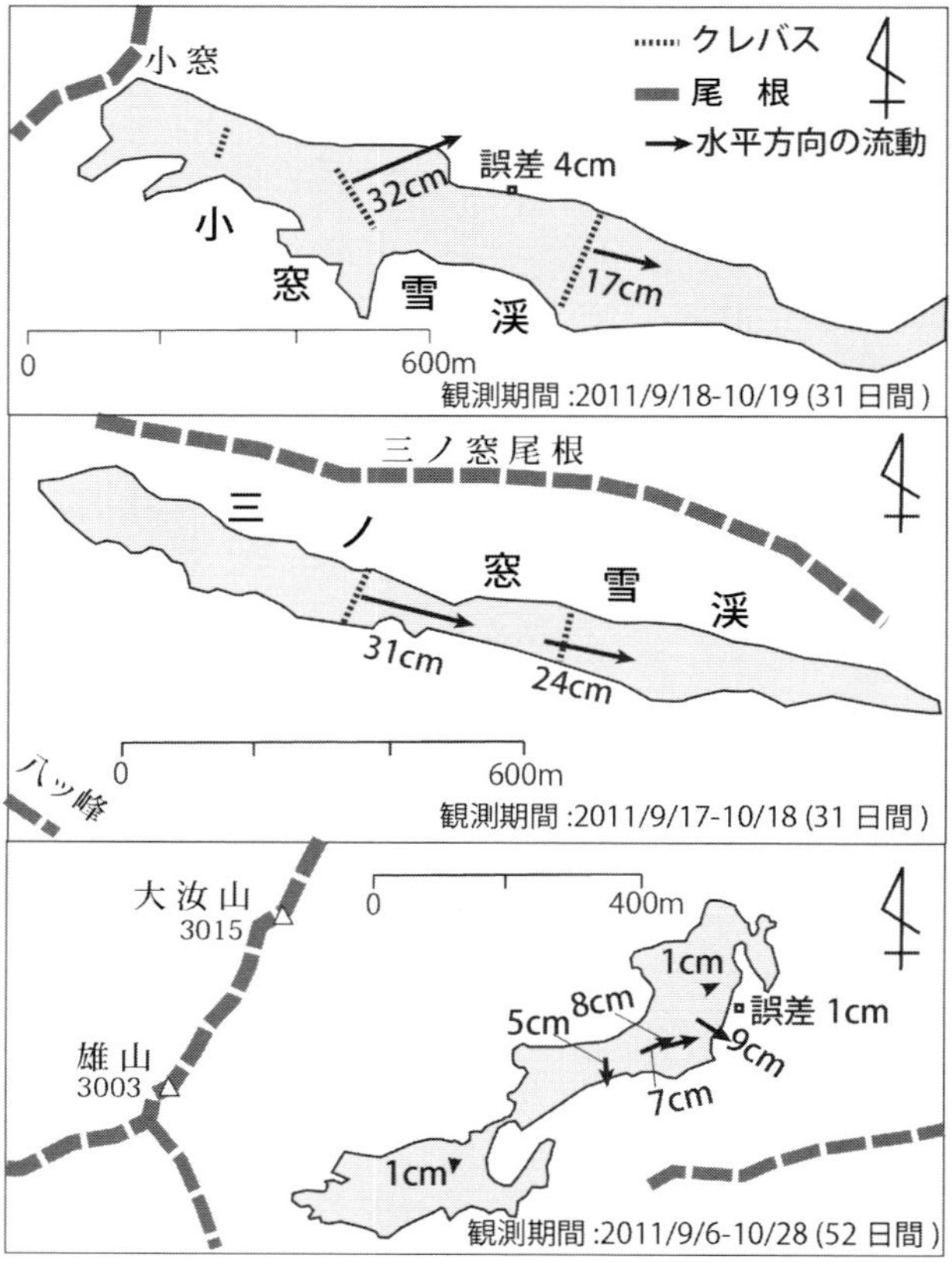

図 3　2011 年秋に実施した各雪渓の流動観測結果
福井・飯田（2012）に加筆して作成.

のそれに匹敵する。また、ポール周辺をインターバル撮影した画像でも、ポールが下流側へ移動する様子やクレバスが氷体の移動によって拡大していく様子をはっきり確認できた。

「三ノ窓・小窓雪渓は文句なしに氷河だ！」。確信できる結果を見て、飯田課長と共に喜んだ。これで気持ちが一気に楽になった。

御前沢雪渓でも9月7日～10月29日にかけて長さ4・6mのポールを使って流動量を観測した。クロスチェックのため、GPSだけでなくトータルステーションも使ってポールの位置変化を観測した。その結果、GPSとトータルステーションの両観測とも氷体が52日間で7㎝前後下流方向に流動しているというデータが得られた。御前沢雪渓もゆっくりとではあるが流動していると確信できた。ついに日本で初めて氷河を発見したのだ。しかも同時に3カ所も。

全国的に取り上げられる

2011年11月15日、国立極地研究所で開催された第2回極域科学シンポジウムで3つの雪渓の流動観測結果について発表した。昨年の発表が肩すかし気味だったのでさすがにマスコミの数は大分減るだろうと予想していたが、そんなことはなかった。新聞各紙の記者が集まっており、テレビ局も数社撮影に来ていた。

発表では「3つの雪渓は現在でも流動していて氷河の可能性がきわめて高い」と結論した。ポールが下流側へ移動する様子を示したインターバル撮影画像は、相当インパクトがあったようだった。発表後、再び極地研の一室を借りて藤井教授に同席してもらい臨時記者会見を開いた。

この時の会見で難しかったのは、氷河発見の根拠となる論文がまだ出ていない段階なので「氷河の可能性がきわめて高い」とは言えても「氷河発見」と断言できなかった点だ。「研究の世界では、データが出揃って学会発表しても、論文が出版されない限り新発見とは認められない」と藤井教授から説明してもらった。

「では、論文はいつごろ出るんですか？」と私に質問がきた。ここで時期を明言して、周りから急かされて論文を書くのは避けたかった。しかし、そんな甘ったれた考えが許される雰囲気ではなかった。「論文は早ければ今年中に投稿します。順調にいけば来年早々に論文が出るはずです」と答えた。会見後、藤井教授から「福井、論文を一刻も早く書け。短報とかじゃなくて原著論文として投稿しないとだめだからな。日本語のほかに英語でNature Geoscienceにも書け」とハッパをかけられた。

その日の夜になると、「立山と剱岳で日本初の氷河発見か、流動確認」という内容の記事がyahooニュースのヘッドラインや新聞各社のニュースサイトに載りはじめ、翌日の朝刊（私が確認できたのは読売、朝日、毎日、北日本、富山、北陸中日）にも掲載された。テレビでは11月16日のニュースおはよう日本（ＮＨＫ総合）や11月25日のニュースウォッチ９（ＮＨＫ総合）などで放送され、富山県外の知り合いからも「ニュース見たよ。すごいところで仕事しているね」と電話やメールがきた。ＮＨＫのニュースには10月の同行取材の映像が使われていて、三ノ窓雪渓のクレバスにもぐった映像はかなりのインパクトがあったようだ。

ようやく終息へ

２０１２年は正月抜きで論文を書き続けた。地方在住の学芸員は論文を書くのが大変である。論文を書くのに不可欠な参考文献や書籍の入手が困難だからである。電子ジャーナル化されている雑誌なら大学の後輩に頼んでＰＤＦファイルをダウンロードして送ってもらえるが、紙ベースの雑誌や書籍はそうはいかない。東京まで何度も出向き母校の東京都立大学の図書館や国立極地研究所の図書室で文献を読みあさりコピーした。２００７年の南極越冬中に隊で掲げた標語「明日野郎は馬鹿野郎」を思い出しながら頑張って筆を進め、１月中旬にはなんとか初稿を書き上げ、投稿までこぎつけた。

投稿後、２名の査読者から厳しいコメントをもらった。読むべき文献がまた出てきたので東京へ何度か文献コピーに出向くことになった。編集担当者の「画期的な論文だからなるべく早く発表しよう」という励ましの言葉に元気づけられ、２回の改訂を経て最終稿の投稿までこぎつけた。

２０１２年４月１日、ついに「飛騨山脈、立山・剱山域の３つの多年生雪渓の氷厚と流動――日本に現存する氷河の可能性について――」と題した論文（福井・飯田、２０１２）が日本雪氷学会誌に受理された。論文受理の報告は４月４日に富山県庁の記者クラブを通してマスメディアにプレスリリースした。新聞各社やテレビ局からは電話取材が殺到し、いくつかのマスコミは博物館まで取材に来た。

翌日の朝刊（私が確認できたのは読売、朝日、日経、北日本、富山、北陸中日）には氷河発見の記事が掲載された。また、このテレビでは、４月５日放送の報道ステーション（テレビ朝日）、６月16日放送の世界ふしぎ発見（ＴＢＳ）、９月５日放送のくらし解説「日本にも氷河！何がみつかる？」（ＮＨＫ総合）、９月23日放送のサイエンスZERO「幻の氷河　日本に現る」（Ｅテレ）、10年26日放送のナビゲーション「立山連峰　神秘の氷河～知られざる謎に迫る～」（ＮＨＫ総合）などで氷河発見の話題が取り上げられた。

２０１２年11月10日、私は成田空港にいた。６年ぶりに日本の南極観測隊へ参加するためだ。ドームふじ基地よりさらに内陸部で100万年前の氷がありそうな場所を探すのが今回のミッションだった。このころになるとマスメディアからの取材もようやく終息、頭のなかは立山の氷河から果てしなく広がる南極の巨大氷床へと切り替わっていた。

マスメディアへの提言

今回は終始マスメディアからのプレッシャーに追い込まれながらの研究だった。当初、立山連峰の雪渓では流動観測が無理かもしれないと考えていたのに、あっという間に後に引けない状況へ追い込まれてしまった。運良く氷体の流動を捉えることができたから良かったものの、もし、氷体が流動していなかったら？ポールが倒れて観測に失敗していたら？自業自得とはいえ、今振り返っても冷や汗が出る。

今回の経験からマスメディアに提言したいことが一点だけある。現在、多くの研究には税金が投入されているので、研究者は論文を書くだけでなく、マスメディアとも協力して研究成果を国民に広く発信する責務がある。しかし、研究というものは短期間ではなかなか成果が出ないものだ。とりわけ、フィールドワーク主体の研究は天候に大きく左右されるため、研究者がどんなに頑張っても結果が出るまで何年間もかかることがざらだ。速報性を追い求めるのが職業であるマスメディアの方には申し訳ないが、とくにフィールド系の研究者に関しては「お目出度い奴らだな」と思って気長に付き合ってほしい。

参考文献

・上田 豊（２０１４）氷河、『新版 雪氷辞典』古今書院、pp.168.
・福井幸太郎・飯田 肇（２０１２）飛騨山脈、立山・剱山域の３つの多年性雪渓の氷厚と流動――日本に現存する氷河の可能性について――、「雪氷」74，pp.213-222.
・Shin Sugiyama, Kotaro Fukui, Koji Fujita, Kenta Tone, Satoru Yamaguchi (2013) Changes in ice thickness and flow velocity of Yala Glacier, Langtang Himal, Nepal, from 1982 to 2009. Annals of Glaciology, 54(64), 157-162.

2 フィールドワーカーが見た「捕鯨の町・和田」と捕鯨論争

安田 章人
YASUDA Akito

2003年初夏、大学4年生になったばかりの私は、卒業研究のためにペンとフィールドノートを片手に「捕鯨の町・和田」に乗り込んだ。千葉県南房総市和田町（旧・安房郡和田町）は、いまも捕鯨が行われている房総半島の南端にある小さな町である。駅に降り立ち、さっそく駅前にいた地元の方と思われる中年の女性に声をかけた。「伝統的な捕鯨の町」ならではの地元の話が聞けることを期待していた私に返ってきた答えは、「鯨？食べないです」であった。駆け出し者のフィールドワーカーにとっては、見事な肩すかしであった。「捕鯨の町」であるからといって、町の人が全員鯨肉を食べているわけではないことは当然である。しかし、マスメディアからの情報によって、少なからず「伝統的な捕鯨の町」というイメージをつくっていた当時の私にとっては、マスメディアと現場のギャップを考え始めるようになるには十分な出来事だった。

捕鯨論争とマスメディア

人は、今後どのようにして鯨類を利用していくのか、あるいはしないのか。いわゆる、捕鯨に関する問題は、軽い「問い」ではなく、もはや解決困難な「難題」にまで発展し、さらに捕鯨「論争」と呼ばれるようになって久しい。捕鯨論争には、科学的な資源管理や動物愛護、伝統と文化、生業と商業など、さまざまな考えと価値観が入り乱れている。さらに、捕鯨論争は、国際的な問題というやっかいな性質を持っており、ナショナリズムや政治的利用などが加わり、もはや手がつけられない状態になっているように見える。

　捕鯨論争は、これまでどのようにマスメディアにとりあげてこられたのか。図1は、大手新聞3紙に掲載された「捕鯨」を含む記事の件数の推移と、捕鯨に関する主な出来事を示したグラフである。国際捕鯨委員会（ＩＷＣ）が日本で開催されたりすると、報道が一瞬、加熱していることがわかる。最近では、日本が行う第二期南極海鯨類捕獲調査（JARPA2）が国際捕鯨取締条約に違反すると、オーストラリアが国際司法裁判所

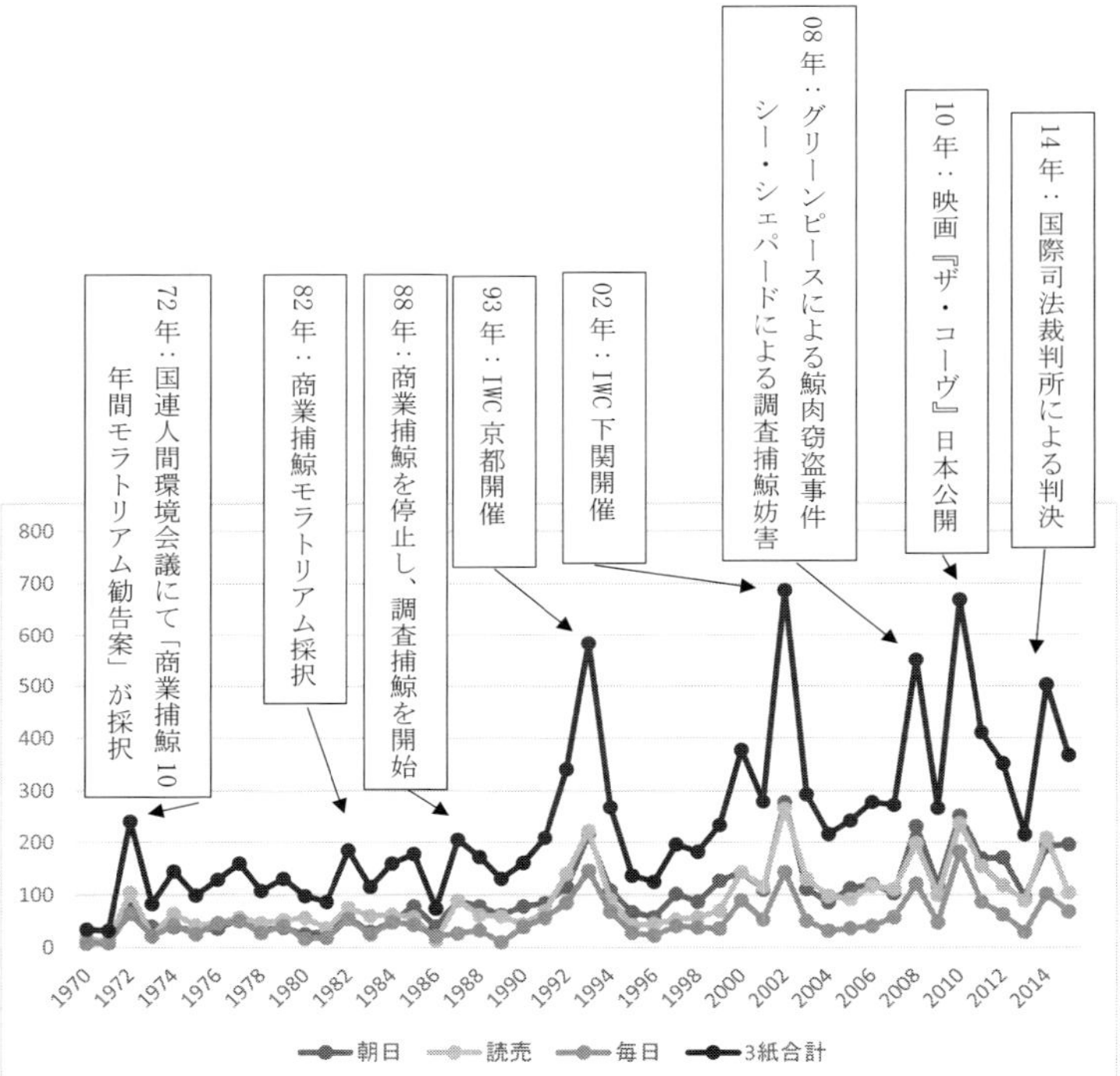

図1　大手新聞**3**紙（朝日・読売・毎日）における「捕鯨」を含んだ掲載記事数の合計推移と，捕鯨に関する主な出来事

各新聞社のデータベースを利用し，キーワード検索を行い，筆者作成.

に提訴し、「科学目的の調査とは言えない」という判決が２０１４年に下されたことは、マスメディアを大きく騒がせた。また、日本が商業捕鯨を停止した１９８０年代後半よりも、国外からの捕鯨反対運動が注目され、また国内におけるそれに対するカウンター、いわゆる「反・反捕鯨」が隆盛するようになった２０００年代後半に、捕鯨に関する多くの記事が書かれていることも示唆される。

卒論（卒業論文）を執筆するにあたり、私自身も捕鯨に関するマスメディアからの情報を集め、捕鯨論争の解決について考えていた。しかし、その糸口は見えなかった。そこで、実際に鯨を獲ったり、食べたり、見たりしている人たちは、この錯綜する捕鯨論争をどう考えているのかと疑問に思うようになった。これが、私が和田町でフィールドワークをしようと思ったきっかけであった。国際的な論争を解決する糸口は、現場にあるのではないか。このように考えた当時21歳の私は、ペンとフィールドノートを持って、「人と鯨が出会う場所」に赴いた。

初めてのフィールドワーク、そしてたった数カ月の成果と体験を中心に書くため、軽薄な内容になってしまうかもしれないが、マスメディアと現場の間に入り込んで見えたことを率直に記したいと思う。

捕鯨基地を「歩く」

２０１５年現在、日本国内では６つの捕鯨業者が操業しており、北海道函館市と網走市、宮城県石巻市鮎川、和歌山県太地町、そして和田町の５つの地域で鯨が水揚げされている（図２）。「捕鯨は禁止となっているのではないか」と訝しがる読者もいるかもしれない。全世界に鯨類は約83種生息しているといわれ、ＩＷＣの管理対象となり、商業捕鯨モラトリアムの影響を受けているのは、シロナガスクジラやミンククジラなどの13種に限られる。和田などの地域では、水産庁の指導のもと、ＩＷＣ

の管轄から外されている小型鯨類（ツチクジラ、ハナゴンドウ、ゴンドウクジラ）が水揚げされている。そこでは、南氷洋での捕鯨のように、船団を組んで大規模に行われるのではなく、捕鯨砲を船首に設置したキャッチャーボート1隻だけで、沿岸にいる鯨類が捕獲されている。

　大学3年生の冬に、私は和田町でフィールドワークをすることを決めた。和歌山県の太地は、古式捕鯨発祥の地としても有名な地域である。しかし、ここにはシリーズ1巻の『フィールドに入る』で太地でのフィールドワークをどのように始めることができたか、その四苦八苦を描いた関口雄裕さんのように、すでに多くの研究者が入っているだろうと考えたことや、当時住んでいた東京からの距離から、千葉県の和田町を選んだ。加えて「東京から電車でわずか2時間の場所で捕鯨が行われていることは、自分自身も驚きであったし、研究のインパクトになるのではないか」と考えたと記憶している。

　初めて和田町を訪れたのは、２００３年6月だった。東京からマウンテンバイクとともに鈍行列車に乗り、和田浦駅に着いた。当時、アウトドアのおもしろさに目覚めていた私は、大学でカヌー部に所属するほか、一人で

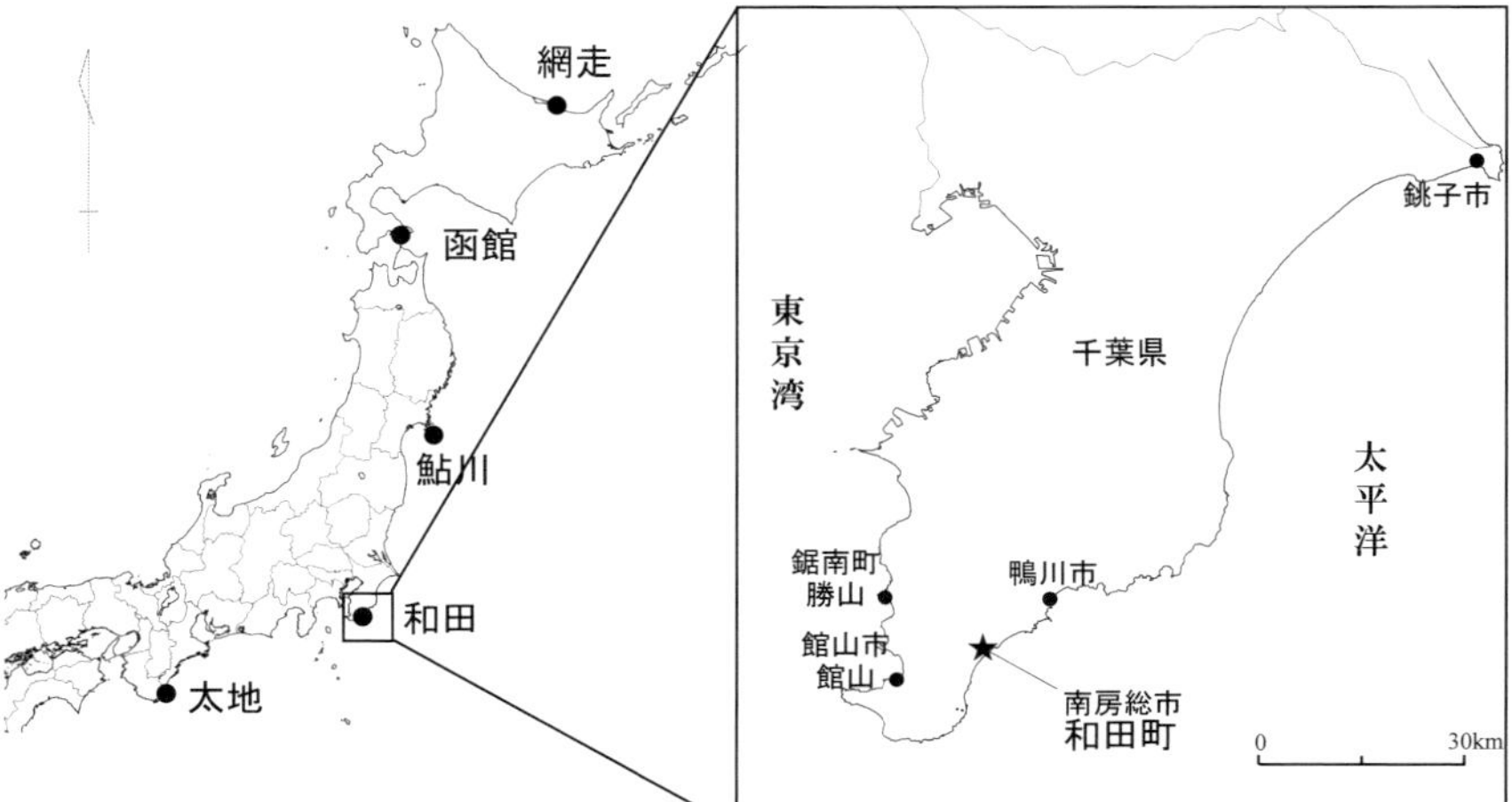

図2　5つの沿岸捕鯨基地（左）と調査地和田の周辺（右）

マウンテンバイクにテントを載せて東京から兵庫まで帰省したり、奄美大島を一周するなどしていた。こうした一人旅の経験は、おおいにフィールドワークに役立った。

和田浦駅で自転車を組み立て、まずはテントを張れる場所を目指した。そこは、鯨が水揚げされる漁港付近ではなく、8kmの山道を上った先にある廃校を利用した宿泊施設だった。初めてのフィールドワークに臨んでいた私は、「ちゃんとしたテントサイトで宿営しないと、地元の人に怒られるかもしれない」と、かなり慎重になっていた。フィールドワークを始めてしばらくしてから、「なんで、あんなとこに泊まってたの？ 海岸に張ればよかったのに」、「うちに泊まればよかったのに。安田さんはあそこが好きなのかと思ってた」と、地元の人たちに呆れられたりもした。しかし、「山のなかでテントを張って暮らし、水揚げがあると自転車で港に下りてくる人」と、すぐに自分の存在を地元の人びとに覚えてもらえたのは思いがけない効果だった。

初めてのフィールドワークだったため、現地で活動するノウハウは、なにももっていなかった。ともかく関係者に、そして町の人に早く顔を覚えてもらおうと努力した。解体を自由に見学できるのは、非常にありがたかった。水揚げがあれば、早朝4時であろうと必ず最初から最後まで見学し、隙さえあれば作業員たちに話しかけた。捕鯨会社の社長、役場の担当者、鯨料理を出している地元の食堂経営者、隣町から解体所に仕入れに来ている魚屋さんなど、自転車にまたがり、話を聞きに行った。話といっても、質問事項を列挙しておいたり、調査票を用いたりはせず自由に会話して、鯨のことや、その捕獲から消費などを世間話のように聞き取った。

卒論を書くまでに、合計でわずか数カ月間のフィールドワークであったが、こうして「現場から捕鯨論争を見直してみる」というスタンスで和田町を「歩く」ことによって、捕鯨論争の影とともに、マスメディア上で描かれている「捕鯨の町・和田」とは違った姿が見えてきた。

沿岸捕鯨基地・和田町とツチクジラ

和田町の大部分は山地であるため、海岸沿いの小規模な平地に人口のほとんどが集中している。観光も視野に入れた花卉や野菜などの集約的な農業が行われているほか、定置網や刺網などによる漁業が行われている。２００１年に「日本の水浴場88選」に選ばれた和田浦海水浴場があり、サーフィンを目的とした観光客も数多く訪れる。この和田町で主に水揚げされているのが、小型鯨類のなかでもツチクジラである。ツチクジラは、ハクジラの仲間で、体長はオスで11m、メスで12mほどになる。体重は10~12トンとなり、ハクジラのなかではマッコウクジラに次いで2番目に体が大きい。口嘴が「槌」のように出ており、クジラというよりも巨大なイルカという印象を受ける。

和田町では、1つの捕鯨会社が操業しており、漁港には解体所がある。ツチクジラが水揚げされるのは、6月から8月までの漁期である。主に銚

写真1　解体所に運ばれるツチクジラ

子沖や和田沖において、目視でツチクジラの群れを探し、小型捕鯨船の船首に備えつけられた捕鯨砲で捕獲する。捕獲されたツチクジラは、捕鯨船のわきにくくりつけられ、和田の港まで運ばれる。解体所（写真1）には、壁がなく自由に見学できるため、夏休みの時期には、家族連れや遠方から来たギャラリーで賑わっていた。ウィンチで「まな板」と呼ばれる解体所に引き上げられたツチクジラは、なぎなたのような大包丁や小包丁を持った14人ほどの「解剖さん」と呼ばれる解体作業員によって、みるみる間に「生き物」から「肉」にされていく。

捕獲されたツチクジラはすぐに解体されるのではなく、死後硬直が解けるのを待つために漁港内に16時間ほど浮かべられる。このため、前日に捕れたツチクジラの解体は、たいてい次の日の早朝に行われる。すぐに解体されないのは、この地域ではツチクジラの肉が竜田揚げやカツなどの揚げ物や、つくだ煮のほか、干し肉にして消費されるためである。その干し肉は「タレ」と呼ばれ、塩や醤油に漬けておいてから半日ほど干されて作られる（写真2）。タレと呼ばれるのは、網やザルなどで干される際に血が垂れるから、あるいは、肉自体がだらりと垂れる様子から名づけられたという。時間が経ってから解体するのは、ミンククジラのように刺身として食べるのではなく、主にタレとして食べることを目的としているためである。

解体所ではツチクジラの肉が直売され（写真3）、筋や血管を除き整形された正肉は当時２６００円／kg、筋の多い肉や切

写真２　干される「タレ」

れ端である「ハギ肉」は１３００円／kgで販売される。地元の人たちは、解体が終わらないうちに、購入した肉を入れる保冷ボックスを順番に並べておく。販売の時間になると、財布を持った地元の女性や、仕入れに来た業者、そして目を丸くしてその様子を眺める観光客でごった返し、解体所はにわかに騒がしくなる。しかし、驚くべきことに、その日に解体されたツチクジラの肉が「バリ」ならば、肉を購入するために並んでいた地元の人びとは霧散してしまう。バリとは、血が少なく色も黒っぽい肉のことをいい、「タレにしても味のつきも悪く、硬くなってしまう」、「バリは飲み込めない」と、地元の人は言う。バリであるかどうかは解体してみなければわからないため、解剖さんと仲の良い人は、「今日はどうだい？」としきりに聞いていた。

写真３　販売を待つために並べられた容器
正肉とハギ肉の２つの列がある.

ソトから見た「和田町」と、現場の「和田町」

和歌山県の太地町は、小型鯨類の追い込み猟を描いた映画『ザ・コーヴ』（ルイ・シホヨス監督・２００９年・アメリカ合衆国）の舞台とされて以来、反捕鯨団体の矢面にたたされている。漁期になると、海外からの反捕鯨団体の人びとと、地元住民、右翼系団体、警察が入り交じり、現地は物々しい雰囲気に包まれる。

和田町の解体所には壁がなく、誰でも自由に見学ができるうえ、写真やビデオの撮影も制限されていない。真っ赤な血が流れるなかで解体されているツチクジラの写真は、インターネット上の画像検索で簡単に見つけることができる。反捕鯨を主張するページでは、捕鯨に従事する人に対してmurder（殺人者）などの過激な単語が投げつけられている。

マスメディアから得た太地町の様子や、ネット上での和田町の取り上げられ方に触れていた私は、「和田町にも反捕鯨団体の人びとが来ているんだろう」と想像しつつ、彼らに出会ったときにどのような質問をしようかと考えていた。しかし、実際に現場では1度もそのような人びとに会うことはなかった。それどころか、当時、どこか牧歌的な雰囲気が町にはあった。

たとえば、解体所で働く解剖さんたちのなかには、たくさんのギャラリーに対して、「やはり見られるのは嫌だ」と言う人がいる一方で、「芸能人になったみたい」と語る人もいた。２００７年頃には、アメリカから1人の大学生がフィールドワークのために和田町を訪れたが、彼は追い返されることもなく、２カ月間、和田町の人びとからインタビューを行い、卒業研究のための映像作品を撮っていった（しかし、後日送られてきた作品は、かなり反捕鯨的なものだったと、インタビューに応えてくださった方は憤っていた。）

日本政府は、「捕鯨は日本の伝統的な文化である」と主張してきた。２０１４年の国際司法裁判所による判決が出されたのちに開催された衆議院農林水産委員会では、「我が国固有の伝統と文化である捕鯨が否定されたわけではない」と書かれた決議が採択されている。文化人類学者の高橋順一によれば、捕鯨文化とは、鯨肉の消費や儀礼的な分配、供養や信仰など、人と鯨の関係に関する知識の総体とされる。また、ジャーナリストの佐久間淳子によると、国内マスメディアでは、「捕鯨」と「日本の伝統的な食文化」を結びつける報道が１９７０年代後半から「伝統的」に行われているという。朝日新聞の「天声人語」に、『捕鯨撤退と食文化』というタイトルでコラムが掲載されたのは、１９８４年のことであった。そこには、「伝統的な食文化を無視して、にわかに、さあ鯨を食べるのを改めなさい、と強制するのはどんなものだろう」と、捕鯨と食利用の正当性が訴えられていた（朝日新聞1984年11月15日）。

こうしたなか、現在も操業が行われている4つの沿岸捕鯨基地は、一部の行政関係者や研究者によって、「日本古来からの捕鯨の伝統と文化が現代に集約されている場所」とみなされている。和田町も、「千葉・和田町　捕鯨の歴史、刻む町」（毎日新聞2002年2月2日）、「伝統の食文化伝承へ鯨肉販売を計画　捕鯨基地の和田町」（朝日新聞1994年3月3日）といった見出しで紹介されていた。私もこのようなイメージをもって、和田に赴いた。

しかし、現場では「日本古来からの捕鯨の伝統と文化が現代に集約されている場所」というイメージを覆すような事実に次々と出会った。まとめると、それは、①和田町に捕鯨基地が置かれたのは戦後のことであった、②供養儀礼は行われなくなり鯨肉に対する需要は減少している、③「捕鯨の町」という「看板」は、外部からの要請と地域活性化のために作られたという3点である。

まず、捕鯨基地の歴史についてである。房総半島において、組織的な捕鯨活動が始められたのは、17世紀中ごろのことである。当時、その拠点は、東京湾に面する勝山（現在の鋸南《きょなん》町）にあった。その後、捕獲対象鯨類の拡大や漁場の開拓のために、外洋に面した外房に拠点が移され、和田町に捕鯨基地ができたのは1948年のことであった。

つぎに、儀礼と食文化に関してである。和田町においても、供養塔がたてられ、大漁祈願を含めた供養儀礼が地元の寺院で行われてきた。しかし、労働者の外部化によって、和田町において、これらの供養儀礼は行われなくなった。また、和田町を含めた房総半島南端一帯には、江戸時代から続く、ツチクジラに特化した鯨肉利用の習慣がある。しかし、冒頭に「鯨？食べないです」と肩すかしを食らったエピソードとともに、「昔は食べたけど、いまは高いからほとんど食べない」（60歳代女性）、

「いまは豚も鶏もあるしね」（50歳代女性）という声が聞かれた。現在、おそらく読者のほとんどが日常的に鯨肉を口にしていないのと同様に、沿岸捕鯨基地を抱える和田町においても、値段の高騰や食肉の多様化から、ツチクジラの肉に対する需要は減少しているようである。

最後に、「捕鯨の町・和田」という「看板」についても説明しておきたい。和田町の捕鯨関係者が、国内の捕鯨推進派の会合やＩＷＣの報告会に参加し始めたのは２００３年のことであり、これは外部の捕鯨関係団体からの要請であった。また、和田町は、２００３年当時、高齢化率が県下1位であり、15年で農家戸数が3割も減るなど、過疎高齢化に苦しんでいた。そして、周辺町村とともに南房総市に合併されようとしていた。そこで、和田町は、主要産業である花をくわえたツチクジラを町のシンボルキャラクターとし、町民も「捕鯨食文化研究会」を立ち上げた。これはつまり、ある人が「観光のシンボルとしてクジラを利用してきたから、和田町は鯨の町、という意識が生まれてきた。みんなそれまでは、そんなに意識してなかったと思うよ」と語ったように、衰退していく町を活性化させたいという地域内の思惑と、外部からの要請がリンクしたことで、「捕鯨の町・和田」という看板が掲げられるようになったと思われる。

フィールドワーカーが見た「捕鯨の町・和田」と捕鯨論争

先行研究やマスメディア上で描かれていた「捕鯨の町・和田」と、実際の和田町は、私にとって、やはり違っていた。私の目には、「伝統的な捕鯨文化とともに生きる町」というよりは、「たまたま捕鯨基地があって、日常的に鯨と接している町」に映った。

前節で、私が和田町における捕鯨基地としての歴史や、鯨に関する食文化や供養儀礼などの有無、

「捕鯨の町」という看板について言及したのは、あくまでマスメディアや世間で流布されている「捕鯨の町」というイメージと現場のギャップを描くためであった。それらの有無や濃淡から、「和田町は伝統的な捕鯨地域か、否か」、そこから「捕鯨は必要か、否か」などと考えようとするのはナンセンスであろう。なぜならば、そのように考えた瞬間に、現場から離れ、錯綜した捕鯨論争と同じ土俵に上がってしまうためである。

環境史と環境社会学を専門とする渡邊洋之は、日本における沿岸小型捕鯨の存続を求めて高橋順一らによって提唱された「捕鯨文化論」を批判した。渡邊は、「伝統」や「文化」という言葉を用いて「捕鯨」を称揚するその言説には強い政治性があり、近代日本における捕鯨に関する歴史を歪めていることを指摘した。

伝統文化のためであろうと、地域振興のためであろうと、あるいは「ツチを食べたい」と願う地元の人びとのためであろうと、結果的に、今後も和田町のツチクジラ漁が存続しさえすればよいのかもしれない。しかし、マスメディアは、本来は多様であるはずの人と鯨の関係を単純化して発信してしまっている面があるのではないだろうか。

象徴的な事実がある。捕鯨賛成であろうと反対であろうと、調査捕鯨に関する記事のいくつかには、和田町で撮影されたツチクジラの写真が使われていることである。マスメディアにとって、日本から遥か遠くの外洋で行われている調査捕鯨も、地先の海で行われている沿岸小型捕鯨も一緒なのだろうか。

たしかに、私が和田町に赴いた動機は、「国際的な論争を解決する糸口は、現場にあるのではないか」と思いついたためであった。しかし、フィールドワークを進めるにつれ、「捕鯨論争の解決のために和田を『使えないか』」と考えるのではなく、むしろ、「捕鯨論争とは別の次元での議論を、和田から『起こせないか』」と考えるようになった。

私にとって、フィールドワーク中に印象的だったエピソードと聞き取り結果がある。それは、次のようなものだった。

まずは、捕鯨船員との出会いと、捕鯨会社の社長からの聞き取りである。フィールドワーク中のある日、私は、港に降り立っていた捕鯨船の船員に聞き取りをしようと近づいた。しかし、その船員は、私とまったく目を合わそうとしなかった。私はまるで空気か透明人間だったかのように、船員は私に一瞥を投げることもなく船に戻ってしまった。また、和田町の捕鯨会社の社長には何度も聞き取りをさせてもらった。その日、捕鯨論争に話が及んだときに社長は、「ＩＷＣの会議に来ている人(各国代表)のうち、何人、捕鯨のこと、町のことを知っているのか」、「もう勝手にやらせてくれよ。ばかばかしい」と言い放った。

船員が私を無視したのは、真剣に仕事に取り組む漁師の気質のせいだったのかもしれないが、「捕鯨」を求めて町にやってくる「よそ者」（私を含めて）に嫌気がさしていたのかもしれない。また、社長の言葉は、反捕鯨団体だけではなく、捕鯨論争全体に対する思いだったのだろう。

そして、もうひとつある。２００７年に和田町の有志が、ＮＰＯ法人「和田浦くじら食文化研究会おかみさんの会」を立ち上げた。ＮＰＯ代表は、マスメディアに関して、次のように言った。「一番腹が立っていることは、テレビの取材はくるのに、結局流れない（放映されない）こと。取材陣はおもしろいとおもって撮りに来ているのに、上司がストップをかけている。私はどんどんマスメディアにも出てやるわよ」。

卒論研究が終わった後も、数回、和田町を訪れているが、私がそこで感じるのは、マスメディアと現場のギャップだけではなく、こうした「伝統的な捕鯨」あるいは「野蛮な殺戮」というソトからのレッテル貼りに対する地元の人たちの苛立ち、そして、それを逆に利用しようとする彼ら／彼女らのたくましさであった。

マスメディアは、すでに現代社会に深く根ざしており、インターネットの普及により、その根はますます広がっている。いまでは、ケニアに住むマサイの牧童も、サバンナの真ん中で携帯電話からニュースを読むことができる。フィールドワーカーも、マスメディアが発信する情報によって、調査地の最新の情勢を知ったり、これから調査地としようとする地域に関する情報を手に入れたりすることができ、マスメディアから受ける恩恵を無視することはできない。しかし、わずか数カ月の滞在でも見ることができたように、マスメディア上で描かれる調査地の姿が、本当の現場の姿とは限らない。マスメディアを動かしているのは、人であり、その報道には何らかの問題意識と意図があるだろう。フィールドワーカーたるもの、現場の事実を自分の目で確かめるのは当然であろう。そして、「マスメディアにも出てやるわよ」と意気込んだインフォーマントのように、現場の事実と報道内容の差異を分析対象とするぐらいの「したたかさ」をもち、足で「考え」、足で「書く」必要があるのではないだろうか。

参考文献

・小松正之（2001）『くじら紛争の真実――その知られざる過去、現在、そして地球の未来――』地球社.
・佐久間淳子・石井 敦（2011）マスメディア報道が伝える「捕鯨物語」、石井 敦編著『解体新書 捕鯨論争』新評論.
・高橋順一（1992）『鯨の日本文化誌』淡交社.
・渡邊洋之（2006）『捕鯨問題の歴史社会学 近現代日本におけるクジラと人間』東信堂.

参考映像

・ルイ・シホヨス監督 2009年『ザ・コーヴ』アメリカ合衆国（2010年日本公開）

3 テレビが作り出すリアリティとフィールドワークの可能性

村橋 勲
MURAHASHI Isao

フィールドワーカーとマスメディア

フィールドワーカーとジャーナリストは異業種でありながら、実際に現場で行う仕事を比べると、同業他社といえるほどの違いしかない。フィールドワーカーもジャーナリストも、世界中のさまざまな場所を訪れ、そこで見聞した事物やインタビューで得られた情報を、文字や映像を通して一般に公表するという点で同じである。事実、フィールドワークによる調査とジャーナリストの取材、民族誌とルポルタージュ、そして民族誌映画とドキュメンタリー番組には多くの共通点がある。たとえば、朝日新聞の記者として活躍した本多勝一のルポルタージュ『極限の民族──カナダ・エスキモー、ニューギニア高地人、アラビア遊牧民』は民族誌として人類学者からも高い評価を受けてきた。また、１９６６年から日本テレビ系列で放送されたシリーズ番組『すばらしい世界旅行』のように民族誌の知見を基に制作されたドキュメンタリー番組もある。

海外調査を個人で実施することが困難だった１９５０〜１９６０年代前半には、学術調査を目的とした遠征隊がマスメディアから支援を受けることはしばしばみられ、研究者自身や同行したジャーナリストが、新聞や記録映画という形で海外の情報を発信するなど、フィールドワーカーとマスメディアとの協力関係がみられた。１９６０年に入り、為替と海外旅行が自由化されると、各メディアは独自で取材を行うようになり、フィールドワーカーの調査地にもテレビカメラが入り、これまでの研究で収集された資料を基礎情報としたドキュメンタリー番組が制作されるようになった。１９９０年以降、海外旅行がより一般的になると、『世界ふしぎ発見』や『世界ウルルン滞在記』のようなドキュメンタリー素材にクイズなど娯楽要素を加えたバラエティ番組が高視聴率を得て、紀行番組の主流となっていく。一方、各大学に人類学部が設置され、海外でのフィールドワークを個人で行うことが一般的になると、フィールドワーカーはしだいに、マスメディアとくにテレビとの距離を置くようになった。現在、フィールドワーカーとジャーナリストは、いずれも「現場主義」を志向する職業でありながら、相互の交流は多くはない。

人類学とマスメディアは情報を集める手法において共通性がある一方、それぞれが調査ないし取材の対象とする人や地域は異なっていることが多い。たとえば、新聞の一面記事やテレビのトップニュースは政治や経済、または大きな災害や事件の話題がほとんどである。また、両者が同じ地域や人びとを調査し、取材していたとしても、互いの視点、主張が異なることは珍しくない。

マスメディアが発信する情報のほとんどは、政治・経済の「中心」で起きている出来事や現象について、マスメディアが位置する「中心」から発信され、農村地域や移民コミュニティ、同性愛者といった、いわば世界の「周辺」に定置された共同体や人びとから発信されることは少ない。それは、ヒト、モノ、権力、マスメディアが集中する「中心」から「周辺」に向けられたまなざしである。一方で、人類学者は未開社会、農村地域、都市のマイノリティ集団といった「周辺」社会に長期間、住み込み、そこに暮らす人びとと生活をともにすることで、彼らの生活空間と社会構造を記述、分析しようとしてきた。いわば、「周辺」を「中心」からの一方的な視点から眺めるのではなく、「周辺」に生きる人びとに視点に近づくことで、「中心」からの視点を相対化しようと努めてきたといえるだろう。そのため、フィールドワーカーによる記述は、マスメディアによる表象と異なることもある。しかしながら、多くの場合、学術機関に所属するフィールドワーカーもマスメディアで勤務するジャーナリストも「中心」の世界に居住している「わたしたち」であり、取材や調査を受ける側である「彼／彼女たち」との非対称的な関係にあることに変わりはない。そして、「わたしたち」と「彼／彼女たち」の世界の間にある支配＝被支配の関係性や経済的な不均衡は、フィールドワーカーやジャーナリストがどれほど「周辺」に寄り添っても容易に変化することはない。

なお、「中心」と「周辺」との関係は、「西洋」と「非西洋」というものだけではなく、「首都」と「地方」、「都市」と「農村」という対比や「非西洋」である日本における「東京」と「地方」という対比でとらえることもできるだろう。「中心」と「周辺」との関係は相対的なものであり、急速なグローバル化のなかで、その境界は絶えず動き続けており、生産かつ再生産されている。

筆者は、大学院で文化人類学を専攻し、東アフリカのエチオピアでフィールドワークをした後、テレビ局に入社し、約7年間、報道カメラマンとして働いていた。その後、テレビ局を退職し、現在は、南スーダンとウガンダでフィールドワークを行っている。本稿では、テレビ局における取材体験と南スーダンのフィールドワークでの出来事から、テレビや新聞の報道が作り出す社会的リアリティと、マスメディアが喚起する社会的想像力を越えるフィールドワークの可能性について考えていきたい。

報道番組が作り出す社会問題——「限界集落」の取材体験から

報道とは、事件・事故、さまざまな日々の出来事を取材し、記事やニュース、番組を作成し、広く公表、伝達する行為とされている。そして、テレビ局も番組視聴者の多くも、報道とは「客観的な事実」を伝える行為であり、またそうするべきだと考えている。

では、実際のテレビのニュースやドキュメンタリー番組の制作ではどのような作業が行われているのだろうか。まず、ニュースであれ、ドキュメンタリー番組であれ、ある事故や事件、出来事が報道番組のなかで取り上げられるためには、それが報じるべき事象かどうかが判断される。ニュース性の判断の基準は、それらが「驚き」、「新奇さ」、「共通性」といった特性を備えているかどうかにある。ニュース性は時代や場所によって変化するものであり、以前はニュースにならなかったような事象が、時代背景と社会的文脈が変わればニュースになることもある。ニュースの項目が決まれば取材が始まる。テレビの場合、取材に撮影を伴う。ニュースの場合、事件や事故が起こった現場やインタビューの撮影になり、ドキュメンタリー番組ではそれ以外にさまざまな番組を構成するためのショットが必要になる。撮影では、場合によっては、演出や再現といった手法が用いられることもある。さまざまなサイズや角度から撮影した映像は、編集によって因果関係や時間的順序に従ってつなぎ合わされ、最後にコメントを付すことで「客観的な視点」が与えられる。コメントはいわば番組全体を俯瞰する「神の声」であり、それによって、一貫性と統一性をもった「真実の物語」が作られる。

報道カメラマンとして働いていた頃、しばしば「ニュースは作るものだ」と教えられたが、それは、ニュースの取材、制作が、当局から与えられた情報や目の前の事象をそのまま流すのではなく、現場で何を発見して、それを映像として切り取り、どのように加工するかが腕の見せ所だということを意味している。つまり、ニュースもドキュメンタリー番組も、テレビが特権的な立場から、さまざまな事象や出来事のニュース性を判断し、取材を通して収集された映像を並べ替え、それに客観的な説明を加えて完成する物語なのである。しかし、テレビが自らが作った物語をオーディエンス（観客・聴衆）に事実として提示し、オーディエンスがその物語を事実と認識することで物語はリアリティを持ち始める。テレビの権威は、オーディエンスからの信頼によって正当化されるため、テレビはその影響力と権力を維持するためオーディエンスの欲求や嗜好に敏感である。多くの場合、ドキュメンタリー番組とは、テレビ的リアリティに対するオーディエンスの受け入れにその評価を依存している。高い評価を得るためには、オーディエンスにとって自明な認識を逸脱するものであってはならないし、理解をこえるものであってもならない。

いわゆる「やらせ」問題とは、オーディエンスがテレビによって作られた「真実の物語」を捏造、歪曲として否定することによって生じると考えられる。「やらせ」問題を糾弾するオーディエンスも、事実を伝えていると自認する番組制作者も、報道は現実の世界を客観的に映し出すことができるという素朴なリアリズムに立脚している点では同じ誤解を犯している。報道には、つねに「客観的事実」を伝えることが求められるが、あらゆるテレビのニュースや番組は、カメラが切りとった映像を素材にして再構成された物語である。

以下では、筆者が取材にかかわった限界集落でのドキュメンタリー番組も例にあげ、テレビ・ドキュメンタリーにおける「客観的事実」に潜む作為性と構築性について考えていきたい。限界集落を例にあげるのは、これが単に「人口の少ない山村」という以上の社会問題として捉えられており、それが一般に広く社会問題として共有されている現象と考えるからである。そこで、ある山村が、テレビによっていかに限界集落として表象されたか、そして、集落の人びとが、テレビ番組による表象をどのようにとらえたかということを例示する。

まず、限界集落とは、１９８０年代末、社会学者の大野 晃が提唱した概念である。大野は、山村集落を、人口とそれ以外の質的規定から、存続集落、準限界集落、限界集落、消滅集落に区分し、このうち限界集落を、「65歳以上の高齢者が集落人口の50％以上を占め、独居老人世帯が増加し、その結果、冠婚葬祭など社会的共同生活の維持が限界に達している集落」と定義した。また、山村の調査を進めるなかで、人口の減少と高齢化、人の手が入らなくなった山林の荒廃ぶりを知り、近い将来、集落が消滅するのではないかという危機感から限界集落という用語を考え出した。つまり、限界集落という用語が提唱された当時、限界集落は、すでに現実化した問題というよりは、過疎がより深刻な状態になることを危惧して考え出された表現であったといえる。

だが、提唱から約20年が経った頃、マスメディアで限界集落という表現がさかんに使われるようになり、限界集落がすでに現実化した問題であるかのように語られるようになった。東北で「限界集落」とされる山村を調査した首都大学東京の社会学者 山下祐介は、その背景として、国内の政治動向があげられると指摘している。行政機関やマスメディアが限界集落問題に注目するようになったのは、２００７年の参議院選挙であった。これは、２０００年以降、自民党政権が押し進めた三位一体改革の結果として地域間格差問題がクローズアップされ、その象徴として限界集落問題がさかんに取り上げられるようになったことによる。限界集落問題に代表される地域間格差が突如、選挙の争点として浮上してきたのは、マスメディアの情報戦略によるところが大きい。

筆者は、２００９～２０１０年にかけてＡ県Ｂ村にある限界集落を取材した。なお、本稿は特定の番組や番組スタッフを批判することが目的ではないため、集落名は匿名とする。２００９年、参院選に続いて衆院選でも自民党が民主党に大敗し、それまでの自民党による長期政権が民主党政権に移行した。新聞やテレビは、すでに限界集落は社会問題として取りあげていて、地方自治体も地域再生を掲げ、限界集落を救い出そうとする世論が高まっていた。

A県は、国内で急速に過疎高齢化、少子化、人口減少が進んでいる県である。また、県都に人口が集中し、県内の人口格差が大きい。なかでも、限界集落があるB村は、市町村別にみると最も人口が少なく、最も高齢化、過疎化が進んでいる。そのB村の南端に、「限界集落」とされたC集落が位置する。C集落は約200年前に、隣接する集落から村人が移住して作られたと言われている。戦後は林業が主な産業だったが、林業の衰退とともに人口減少と高齢化が進み、わずか8世帯の小さな集落となった。

番組取材のきっかけは、限界集落とされたC集落の再建に向け、B村が「地域おこし協力隊」として都会出身の2人の若者を雇用したことだった。当時、筆者は番組ディレクターとともに地域活性化のために集落に暮らし始めた2人の若者を取材することになった。だが取材班は、撮影を始めてまもなく困難な問題に直面した。それは、C集落の住民が抱くテレビの取材に対する強い不信感だった。住民の話によれば、以前にもC集落を限界集落としてとりあげた番組の取材があり、取材に協力したが、放送された内容がC集落の実態と大きく食い違っていたことから、テレビの取材は受けたくないということであった。

そのため、取材を始めたばかりの頃は、撮影への協力をお願いしても拒否する住人がほとんどだった。当初、ディレクターとしては、絶望的な集落というよりも、「地域おこし協力隊」によって村が再生する様子を撮りたいと思っていたようだが、どんな説明をしても「信用できない」、「とにかく撮影しないでください」という返事がほとんどだった。撮影班は地域おこし協力隊の2人の男性に同行して、彼らが住民の家々をまわって「何か困ったことはありませんか」と話しかけたり、村で行うイベントへ参加を呼びかけたりする際に撮影への協力をお願いしていったが、カメラを回そうとしていることがわかると、すぐに撮影を拒否するか、姿を隠してしまうということが続いた。取材に協力的だったのは、「地域おこし協力隊」の若者2人と地区会長だけだった。

その後、一向に撮影が進まない状況を打開しようとしたディレクターは、朴訥な印象を与えるひとりのおばあさんを中心に撮影を進めようとしたが、彼女もまた撮影に積極的ではなかった。それでも、取材班は、「演出」や「仕込み」をしながら撮影を進めようと試みた。たとえば、協力隊の若者に頼んでおばあさんとの語り合う場面を作り、若者からおばあさんにあらかじめディレクターが準備した質問をしてもらい、若者とおばあさんとの会話を撮影するといった具合である。取材班は、協力隊の若者に同行して、彼らとおばあさんとの会話を撮影していったが、ある日、おばあさんが撮影されていることに気づかなかったという出来事があった。後日、彼女はカメラが回っていたことを知り、取材班に「撮影されているとは知らなかった。自分が写った場面は消してほしい。そして、これからは勝手に撮影しないでほしい」と求めた。しかし、番組の制作上で、協力隊の若者だけでなく、住民側にも中心となる被写体が必要だと考えていたディレクターは、おばあちゃんを説得しながら撮影を続けた。

筆者は、こうした演出を作為的に行いながら撮影を進めた責任をディレクター一人に押しつけるつもりはない。なぜなら、その場にいたカメラマンの筆者も住民からしてみれば共犯者であり、取材班が強硬ともいえる手法をとった原因は、住民側となかなか良好な関係を築けなかったことにあると言わざるをえないからである。いずれにせよ、住民側の同意はあまり得られないまま撮影だけが進んでいったので、カメラを回す筆者も疎外感や罪悪感に苛まれ、気が滅入る日が続いた。しばらくして、協力隊が村入りした秋から冬を迎える頃まで撮影した内容を編集し、放送を出すことが決まった。放送の際、最も気がかりだったのは、テレビ制作者や視聴者の評価ではなく、むしろ集落の住民の反応であった。ところが、予想外なことに、番組を見たという住民からの反応は良好だった。

なぜだろうか。まず、今回の番組と以前に放送された番組を比較してみたい。どちらの番組もいくつかの「演出」によって取材、制作されたといえるだろう。限界集落としてのC集落を取り上げた番組は、同じテレビ局によって制作されたが、具体的にどのようにして取材、制作されたかについて、筆者が直接、番組担当者に聞いたことはなく、住民の対応から推察するしかない。だが、番組に対する住民の評価は異なっていた。それは、前者が捏造であり、後者が真実を伝えたからというわけではない。どちらもテレビに作り上げられた物語であった。しかし、前者の番組に対して住民が反発した理由は、物質的な豊かさはないものの特段、困っていたわけでもないにもかかわらず、突然、「限界集落の過酷な実態」として告発されたからと考えられる。それは、人間に例えれば、体力が落ちて動きが緩慢になってはいるが目立った病気もない高齢者に「末期ガン」と診断が下されたようなものであったかもしれない。一方、後者の番組では、瀕死の村を救うという目的で集落に来た若者が住民たちを助けようとするが、とくに住民から助けを求められることもなく、むしろ村での生活に慣れない都会の若者たちが、村の暮らしにとまどいながらも住民からアドバイスを受けて集落に馴染んでいくという筋書きが作られており、こちらの物語は住民から比較的、好意をもって受け入れられたようである。

その後、筆者は番組の取材班から離れたが、番組の取材自体は、その後も続き、地域おこし協力隊の活動と住民たちとのふれあいを1年にわたって描いたドキュメンタリー番組となった。現在、C集落では、地域おこし協力隊として活動する若者も増え、集落を紹介するホームページも立ち上げられた。また、地方自治体や大学がかかわり、アート作品の展示などのプロジェクトを企画されるようになったほか、20年間行われていなかった番楽も同プロジェクトのイベントとして行われるようになっている。

限界集落問題に話を戻そう。はたしてC集落は、限界集落だったのだろうか。山下によれば、調査当時、ほとんどの限界集落では、今でも社会的共同生活が維持されていた。また、消滅集落は、戦後にできた新しい開拓村か、ダム建設や住民が決定した集団移住によって自主的に放棄された村であり、開拓村の母村の消滅や、高齢化によって自滅した集落はほとんどなかった。C集落においても、実際には、残された住民の間で互助的な関係は残されており、また村を離れた子どもや親戚とのつきあいも失われたわけではなかった。つまり、他の限界集落と同様に社会的共同生活の維持は困難になりつつあったものの、集落の解体や消滅の危機といった緊急事態にまでは至っていなかったと考えた方が適切だった。それにもかかわらず、マスメディアが相次いで「限界集落の危機」を報道したことで、限界集落に対する消極的なステレオタイプは強化され、限界集落問題に対策を打つべきだという世論が作り上げられた。

限界集落問題に対しては、大きく2つの意見がある。ひとつは、限界集落のような非効率な場所は早々、消滅した方がよいではないかという意見であり、もうひとつは、消滅の危機に瀕している限界集落を救済するべきであるという意見である。前者は、経済的効率を求める一部の識者や政府、さらには限界集落の実態を知らない一般の人びとの間に潜在的に共有されており、後者は、限界集落を抱える地方自治体が地域おこしを主張する際にみられる。この一見、対立する2つの意見は、どちらの立場も限界集落を日本の「病巣」とみていることにおいて共通している。前者は、「病巣」を切りとるべきと捉え、後者は治療すべきと考えている。しかし、筆者は、限界集落問題とは、あくまで予兆として危惧されていた問題であり、実態となっていたわけではなかったと考えている。むしろ、政権交代の波のなかでクローズアップされ、マスメディアの報道によって創出された社会問題だったのだ。

テレビとオーディエンスの共犯関係――「わかりやすいストーリー」を生み出す背景

限界集落問題は、多分に政治性をもち、また政治的な動向を意識したマスメディアによって作られたものであったため、集落に暮らす住民の生活の実態とはずれがあったことは否定できない。しかし、報道によって社会問題が作られるという事例は、限界集落問題に限ったことではない。

ドキュメンタリー映像作家の相田和弘は、テレビ番組制作にかかわってきた経験から、テレビのドキュメンタリー番組には、「台本至上主義」と「わかりやすさ至上主義」が充満していると批判している。たとえば、相田は次のような取材体験を例に挙げている。２００1年9月11日に同時多発テロが起こった時、彼は、ニューヨークを拠点にテレビ・ディレクターとして活動していた。同時多発テロ事件以降、多くの特番が企画され、彼もその取材にあたった。特番のテーマは「悲しみを乗り越えて、一致団結して再生しようとしているニューヨーカー」であり、「涙」「助け合い」などをキーワードに取材を進めるように指示された。しかし、彼がグラウンド・ゼロの現場に着くと、すでに観光客が集まり、噴煙をあげる現場を背景に記念写真を撮っている光景を目にした。また、ミッドタウンの問屋街に行くと、入荷したての星条旗を小売業者たちが奪い合っている場面を遭遇した。相田は、こうした「涙」や「助け合い」とはかけ離れた出来事にカメラを向けたが、撮影したテープを番組のディレクターに見せたところ、番組のメッセージに合わないどころか対立している、という理由で企画はすべてボツになった。

番組プロデューサーが相田の映像をボツにしたというのは、設定されたテーマを考えれば、当然の判断である。しかし、予め設定された「テーマ」や「キーワード」に沿って現実の一部だけをクローズアップし、撮影された素材の一部だけを番組のメッセージを明確にするために使うことは、複雑で多面的な事象を単純で自己充足的な物語のなかへと押し込み、それによって社会的リアリティを構築しようとする象徴的暴力として機能している。同時多発テロ以降、国内外のマスメディアが、連日のように、ニューヨークの悲劇とテロの脅威を報道し、こうした一連の報道はブッシュ政権の「テロとの戦い」を後押しするアメリカ人の集団的熱狂を生み出した。同時多発テロがアメリカにとって悲劇であったことに疑いの余地はないが、相田が9・11後のニューヨークで目にした光景は、人びとの予想を超えた、即興的な反応であった。しかし、そうした事象を伝えることは、テロの悲惨さとテロへの報復の正当性を訴えるべく作られた報道番組には相応しくなかった。

テレビが「わかりやすさ」、「ストーリー性」そして「メッセージ性」を求めるのは、報道番組だけではなく、ドキュメンタリー番組に広くみられる傾向である。たとえば、エチオピアのある農牧民を取り上げたドキュメンタリー番組では、撮影班は現地の人たちにいくつかのシークエンスを作るために地元の人に演技を要求し、字幕では、実際の会話では話されていない内容がつけられた。この番組の制作にかかわった人類学者によれば、こうした番組作りが行われたのは、当時、「日本で荒れた成人式が問題になっていて、エチオピアの成人儀礼を伝えることで社会への問題提起を」すること、そして「少年が大人になるとはどういうことであるかを考える」ことが制作コンセプトであったためであったと指摘している。

こうした、一見、「やらせ」ともいえるような番組制作の責任は、ディレクター個人の責任とされることが多いが、多くのドキュメンタリー番組が、オーディエンスに対して啓発や告発、(その裏返しとしての怒りや憐み)、そして感動をもたらすことで日常を劇場に変える効果を期待して制作されていることを考えれば、ディレクター個人というよりも、テレビという物語装置自体が内包している問題であると言える。一度、あるテレビ番組が、オーディエンスから「客観的事実」として受けいれられると、物語の作為性、虚偽性は問われなくなり、物語そのものがリアリティを帯び、一定の認識を共有した情報空間が作られていく。

ドキュメンタリーが番組として成功を収めるため、番組制作者には、オーディエンスに対し何らかの啓発や感動、あるいは社会的意義を提示することが求められる。そこに、カメラの前の事実とテレビ側が求める物語とのズレが生じる。「やらせ」として物議を醸したNHKスペシャル『奥ヒマラヤ禁断の王国・ムスタン』が高視聴率をマークしたことが示すように、ディレクターとして有能さは、時に暴走へと駆り立てる。「やらせ」と暴露されれば暴走だが、誰も「やらせ」に気付かず、番組が高く評価されれば有能とされる。番組制作に携わる人びとは、番組の作為性、虚構性に気づいていながら、その一方で、オーディエンスが求める「わかりやすいストーリー」をいかに作り上げようかと苦心する。オーディエンスとは、番組という商品を購入するより多くの不特定多数の人びとを指しており、お茶の間の人だけではなく、大企業や政治家、取材を受ける人、そして制作者自身をも含んでいる。テレビが恐れるのは、「理解しがたい」「感覚的に受け入れられない」「実態を暴露されては困る」といったオーディエンスからクレームであり、クレームへの恐れは、支配的な言説に反する情報を発信しないという自己規制を常態化させることになる。

電子メディアによるイメージの増幅 ── 南スーダンの紛争をめぐる情報の氾濫と偏り

現在、世界中ほとんどの国にマスメディアは存在し、圧倒的な権力と影響力によって人びとの集合意識と社会的想像力の構築に大きな役割を果たしている。一方、最近のインターネットの普及は、マスメディアが維持してきた情報空間における支配力をしだいに脅すようになっている。以下では、筆

図1　南スーダンと筆者の調査村

写真1　南スーダンの調査村での葬送儀礼

者がフィールドワークを行っていた南スーダンでの紛争をめぐるマスメディアの報道とインターネット上のソーシャルメディアの情報を比較しながら、電子メディアの多極化について考えていきたい。

アフリカの内陸部に位置する南スーダンは、２０１１年７月にスーダンから分離独立したばかりの世界で最も若い国である（図１）。筆者は、２０１３年から、この南スーダンの農村で人類学のフィールドワークを行っていた（写真１）。同年12月、首都ジュバで突然、銃撃戦が始まった。その頃、筆者は調査地である農村に向かう途中にある町に滞在していたが、ジュバにいる友人からの電話で、首都で銃撃戦があったことを知った。その後、戦闘は、南スーダン各地へ拡大していった。筆者が滞在していた地域には、ほとんど戦闘はなかったが、戦火が広がる危険性もありフィールドワークは途中で中断せざるをえなくなった。銃撃戦発生の翌日には空港が閉鎖され、しばらく国内の交通網だけでなく携帯電話やインターネットなどの通信網もつながらない状態が断続的に続いたため、数日間は町のホテルに滞在しながら海外メディアや国営放送のニュースを見て、首都で何が起きているかについて情報を把握しようとしていた。ホテルにはテレビがあり、銃撃戦発生翌日の国営テレビの夕方のニュースでは、「首都でクーデターが起こったがクーデターは未遂に終わり、政府軍が制圧している」という大統領の記者会見の映像が流された。筆者は、それを見ながら、大規模な戦闘になる可能性は低いかもしれないと楽観的に考えていた。しかし、翌日になっても銃撃戦は続き、その後、各地で戦闘が発生する状況へと事態は悪化していった。

銃撃発生から一週間後、筆者は飛行機で首都からウガンダに退避した（写真２）。その足で日本に帰国した後は、国際メディア、インターネットを通じて配信される南スーダン国内外のニュースサイト、南スーダン人が作るブログやフェイスブックなどのＳＮＳ（ソーシャル・ネットワーキング・サービス）、そして現地の友人からの連絡などをもとにして、南スーダンで継続する事態の推移を追って

写真 **2**　退避する飛行機から見たジュバ

きた。

これまでの情報から明らかになってきたことは、銃撃戦発生当初には予想していないことだった。それは、政府が発表したクーデターの存在自体が懐疑的なもので、政府側が反政府側の政治家たちを逮捕するために作り上げた可能性が高いということである。そのうえ、ジュバでの銃撃戦の間、政府軍または政府系民兵が特定の民族を対象に集団殺戮を行ったと報告された。銃撃戦発生当初、国内外のテレビは、クーデター未遂を伝える大統領の会見を放送し、筆者を含めそれを見ていた数人の南スーダンの人たちも、首都でクーデターが起こったのかと思い込んでいたが、政府がマスメディアを操作して自分たちに有利になるような情報を拡散しようとした可能性が高い。反政府側によるクーデターの証拠が見つからないこと、また、政府軍による市民の大量虐殺が行われたことは、虐殺を逃れた市民や、親族や友人が殺害された人びとの声を拾い上げる地元ラジオ局やインターネットを通してはじめて公表された。その後、国連やヒューマン・ライツ・ウォッチによる調査が明らかにしたことは、政府軍と政府系民兵による特定の民族を標的とした暴行や殺人があり、それに対して、反政府側を支持する人びとによる報復が行われたことであった。

一般に、海外メディアは、南スーダンの戦闘は大統領の出身部族であるディンカと反乱軍を指揮する前副大統領の出身部族であるヌエルの民族対立と説明する。この民族対立という説明は、戦争を二項対立的に捉え、客観性と中立性を保とうとするマスメディア特有の語り口であるが、スーダン内戦がアラブ系イスラム教徒とアフリカ系キリスト教徒の対立と単純化されたように、こうした報道は一面的であるばかりでなく、双方を一枚岩的に捉えてしまうという危険性もある。また、この戦闘はあくまで南スーダン内部で起こったことであり、マスメディアが位置する「わたしたち」と南スーダンに生きる「彼／彼女たち」との関係が不問にされる。民族紛争という説明枠組みは、南スーダンの戦闘を理解するうえでのひとつの手がかりにすぎず、それは「彼／彼女たち」の内部の多様性を消し去り、「わたしたち」と「彼／彼女たち」を隔てる壁を一層、堅固なものにする。

マスメディアが、オーディエンスに対する客観性と中立性に基づいて「事実」を語るのに対して、インターネット上では、日々、さまざまな南スーダン人の声が飛び交っている。そうした声は、国内の南スーダン人たちだけでなく、ケニアやウガンダといった隣国のアフリカ諸国、そしてアメリカやイギリス、オーストラリアといった欧米諸国に居住するディアスポラから届けられている。平和を求める声、政府への称賛、夥しいほどの死体の山、虐殺された人びとの怒り、政権打倒を叫ぶ声、トライバリズムへの批判、民主主義への希求、国連への批判、そして政権内部の権力闘争に関する噂など、それらはしばしば一方的で、事実と虚構の判別は困難である。しかし、マスメディアが代弁する語りではない南スーダン人の声は、政府や国際機関、マスメディアが作り出す「客観的事実」へと回収されることはない。インターネット上で双方向に情報が飛び交う空間は、戦争当事者、市民、ディアスポラ、ディンカ人、ヌエル人、その他の民族出身者、女性、といったさまざまな立場の人びとの声が交叉、反響、対立する。

インターネットが作りだす情報空間は、マスメディアの報道とは異なる視点を提示してくれるが、これは、マスメディアだけではなくインターネットを含めたさまざまな電子メディアが新たな情報空間と社会的想像力を構築していることを意味している。その一方で、こうしたメディア空間から排除される人たちも存在する。南スーダンの紛争に関する情報を発信するブロガーの多くは海外のディアスポラであり、彼らはそれぞれの国で、特定の民族、地域、女性、宗教を基盤にした共同体を作り上げている。そうした集団の意見は南スーダン国内の政治や宗教団体と無関係ではない。国民の約80％が農村部に居住しているといわれる南スーダンでは、携帯電話の電波すら入らない農村部においてインターネットにアクセスできる人は限られている。そのため、農村部の住民の大半が、マスメディアにもインターネットにも直接、アクセスできず、自分たちが置かれている現状を外部に届けることができない。

２０１６年7月、ジュバでは新たな紛争が発生し、再び大規模な難民の移動がみられた。難民の大

写真 **3**　ウガンダの難民居住地での南スーダン難民

半はウガンダに避難したが、紛争発生当初、マスメディアもインターネットのサイトも、ジュバ郊外の紛争については詳細を掲載しなかったため、当初、ウガンダへの難民が具体的にどの地域から移動したのかが判然としなかった。しかし、筆者が8月にウガンダ北部の難民居住地で行った難民への聞き取り調査では、難民の大半が、ジュバを含めたエクアトリア地方一帯における住民への暴力から逃れたことが明らかになった（写真3）。住民への暴力は、政府軍と反政府軍との双方がかかわっているが、とりわけ政府軍による住民の殺害、暴行は一方的かつ冷酷なものだった。これは、２０１３年12月以降、直接的には国内紛争への関与を避けてきたエクアトリア地方の住民の間に政府への反感が強まり、２０１６年7月のジュバでの事件を契機に、地元の警官や兵士たちが次々と離反し、政府への抵抗を顕在化させたことによる。政府軍は、反政府側を支持しているとみなした集落を次々と襲撃し、市民に暴行を加えた。現在、南スーダンでは、小規模な戦闘が発生するたびに、市民の殺害、家財の掠奪、女性へのレイプが日常的に行われ、飢餓と深刻な経済状況の悪化により多くの国民が故郷を離れ、国内や国外の避難所でなんとか生存を確保している状況が続いている。

フィールドワークの可能性

インターネットの登場によってその影響力は低下しているものの、新聞、テレビといったマスメディアは支配的な言説を生み出す権力を持ち続けている。主要なマスメディアが集まる「中心」と「周辺」との情報格差は広がり続ける一方で、「中心」から発信される情報が「周辺」社会においても共通の価値観を作り上げている。

マスメディアが圧倒的な支配権《ヘゲモニー》をもつ情報空間において、フィールドワーカーはどのような立場を表明することができるだろうか。人類学者は、長期のフィールドワークをすることで、他者と生活空間をともにし、彼らと対話しながら、彼らの身体や認識を形作っている社会を理解しようとしてきた。民族誌は、西洋＝「中心」からの視点でしか語られなかった非西洋＝「周辺」社会を彼らの視点から記述し、人間が作り出した社会の多様性と共通性を科学的に分析しようと努めてきた。しかし、近年、客観的に文化の本質を記述しようとする民族誌は植民地主義に根ざしているという批判がなされるようになった。人類学者は、フィールドワークで得られた情報を記述するときに、昆虫を観察するかのように対象社会を描き出し、神の視点をもってそれぞれの社会に固有な文化を全体的に俯瞰しようとする。フィールドワークという手法は個人的かつ主観的なものであるにもかかわらず、民族誌は非西洋の人びとの発話と行為を客観的に説明するための分析枠組みを作り出してきた。そして、民族誌的権威によって民族誌が描く非西洋の表象は現地の人びとを知的に支配し、人類学者が属する西洋と非西洋の社会の間にある非対称的な権力関係を隠蔽してきた、というのである。

こうした民族誌に対する批判は、マスメディアの報道における事実と虚構をめぐる議論と共通性をもっているように思われる。昨今、若手の映像作家たちのなかには、さまざまな撮影、制作方法によって映像作品における事実と虚構の境界を乗り越えようとする試みが行われている。たとえば、撮影主体そのものの日常や経験を主題とした「セルフドキュメンタリー」、架空の人物や事件といったフィクションをドキュメンタリータッチで描く「フェイクドキュメンタリー」、あるいは、事象を観察という手法で撮影し、ナレーションをできるだけ排除することで作品の解釈をオーディエンスに委ねる「観察映画」などである。しかし、残念ながら、テレビ番組の制作においては、こうした批判への応答と作品制作の手法の変化をあまり見出すことができない。番組制作における作為性と構築性を認めることで、情報の信頼性そのものが揺らぎ、オーディエンスを混乱に陥れる危険性があると判断するためだろうか。あるいは、報道やドキュメンタリーは「客観的事実」であるという素朴なリアリズムから離れることができないでいるためだろうか。テレビ制作者にもさまざまな意見があり、明確な回答は出すことは難しいが、筆者にはその両方が存在しているように感じる。

フィールドワーカーもジャーナリストも他者に向き合い、他者について語ることをなりわいにしている。フィールドワークとは、直接的に世界と向き合う方法であり、それは情報の氾濫によって事実と虚構の境界がますます曖昧になる世界において、すでに知られているから必要がないのではなく、すでに知られていると思わされていることに気づくやや遠回りで、しかし、より確実な方法ではないかと考える。ドキュメンタリー映画も民族誌も、取材者／調査者が、自身と向き合う人びととのかかわりのなかで生み出した他者についての物語でしかないとしても、権力にとって心地良い物語だけを語るのではなく、自らが直接、向きあう他者の日常のなかに現実社会の複雑さ、多面性、曖昧さを映し取ることができれば、それこそが多様なオーディエンスに開かれた作品となるだろう。

参考文献

・飯田 卓・原知章編（２００５）『電子メディアを飼いならす──異文化を橋渡すフィールド研究の視座』せりか書房.
・市岡康子（２００５）『KULA クラ──貝の首飾りを探して南海をゆく』コモンズ.
・大野 晃（２００５）『山村環境社会学序説──現代山村の限界集落化と流域共同管理』農山漁村文化協会.
・白川千尋（２０１４）『テレビが映した「異文化」──メラネシアの人々の取り上げられ方』風響社.
・相田和弘（２０１１）『なぜ僕はドキュメンタリーを撮るのか』講談社現代新書.
・本多勝一（１９６７）『極限の民族──カナダ・エスキモー、ニューギニア高地人、アラビア遊牧民』朝日新聞出版.
・山下祐介（２０１２）『限界集落の真実──過疎の村は消えるか？』ちくま新書.

Part II

マスメディアとフィールドワーカーの関係の模索

フィールドワーカーとマスメディアとの摩擦、およびフィールドワーカーからマスメディアへの提言、そして双方の立場を経験した研究者からの発言が提示される。自然災害現場での結論ありきのマスメディアの取材に対する研究者の違和感（朝日）、アフリカ現地での視聴率最優先の番組制作に対するフィールドワーカーの苛立ち（西原）、マスメディアとの協働を模索する「沈む国」ツバルを舞台にしたフィールドワーク（小林）。そして新聞記者出身の人類学者がマスメディアの論理や立場と研究者のそれ、に悩みつつもあらゆる業界の人びとがかかわる生命科学ラボで、「取材」では経験できないフィールドワークの面白さについて明らかにする（鈴木）。

4 フィールドワークにおけるマスメディアとの邂逅、マスメディアとの齟齬

自然地理学での経験

朝日 克彦
ASAHI Katsuhiko

1995年兵庫県南部地震でのマスメディアとの邂逅

1995年1月17日。この日、私は、フィールドワーカーとしての第一歩を踏み出した。大学3年生で研究室に配属されていた私は、朝早く指導教員からの電話で呼び出され、何のことかよく理解できないまま、慌ただしく身支度を調え、地形図を調達して広島を出発した。指導教員と先輩の大学院生とで淡路、神戸を目指し、夜にはなっていたもののその日のうちに淡路島に到着した。東岸を北上し、岩谷の港に着く。明石海峡を挟み、神戸市の垂水区などは指呼の間であるはずだが、そこは漆黒の闇であり、電気ひとつ灯っていない。東、すなわち神戸中心部に目をやると、雲の下部が赤くゆらゆらと照らし出されており、ただ事ではないことは容易に想起された。この光景こそが私のフィールドワーカーとしての原風景である。

淡路島の北端、松帆崎を回り込む。西岸に達するとほどなく、江埼灯台下の道路に激しい地割れが生じ、左右にずれていた（「変位」という）。この変位は丘の側に続いており、どうやら起震断層の一部らしい。とりあえずその日は駐車場に車を停めて仮眠を取り、翌早朝から断層を追いかけ、調査が

始まった。

北端は江碕灯台の先で明石海峡に没する地面の変位は南にどこまで続くのか。ともかくこの地割れを追いかけていく。山と海岸縁の平地との境界、畑・田んぼのなかに断層線は続く。10㎞ほど追跡すると断層は富島の集落のなかに入り、地面の変位を追いかけることができなくなる。と、同時に、町の中心集落は完膚なきまでに破壊されており、住宅を失った人びとが呆然と立ち尽くしている。幸いにも地震の翌日ということもあり、倒壊した家屋に取り残された人はすでになく、救助活動は終了していた。取り残されたペットの猫や犬の鳴き声が瓦礫のなかから聞こえるのみである。

私の役目はフィールド調査の補助であり、喫緊の課題は約10㎞に渡って続く地割れが兵庫県南部地震の起震断層なのかを突き止め、そして断層の形状や変位を克明に記録することである。それ以外の何物でもない。断層の変位は救助・復旧の障害でしかなく、どんどん破壊されてしまう。そうなる前に断層による変位の規模や形状を記載しなければならない。地震の規模、応力や地震による破壊過程を明らかにするためにも、誰かがやらねばならないタスクなのは紛れもない。しかし、現実には、目の前には被災した人びとがおり、救援を待っている。その人たちに手をさしのべることこそ、人としてやらねばならないことなのではないか。調査という大義名分を御旗に、被災地にずかずかと土足で入ることが倫理上許容されうるのか、悶々と、葛藤しながらも、やむなく、調査を続けた。何か根本的に人として間違ったことをしているのではないかという疑問を抱えつつ……。

さらに翌日、調査をする私たちに気がついたテレビマスメディアが取材をしてきた。この取材をきっかけに翌日、朝のニュースのなかで、淡路島の北西岸に系統的な地表面の変位が生じたこと、これが兵庫県南部地震の起震断層となったこと、既存の活断層である「野島断層」が動いたことによると考えられること、が報じられると、「活断層」という言葉が一気に広まり、私たちの調査はマスメディアの格好の取材対象となった。単なる調査補助員にすぎない私にまでべったり付き添って、何か新しい発見がないか追いかけて来る始末である。それまでの私は、これが今やらねばならぬ調査であると自分自身に強く言い聞かせて、頭のなかを常に去来する「被災者を助けることは優先されないのか」という疑問を封じ込め、悶々としていた。だから、被災地でのマスメディアの取材がどうか、などということはまったく思いつきもしなかったのである。それが、急にマスメディアと接触し、彼らの行動にもまた疑問が湧くようになった。

その姿は、倒壊した家屋の前で立ち尽くす被災者にマイクを差し出し、感想を聞く。そして辛い話を意図的に引き出す。言質を取れば、いたわりの言葉をかけるでもなく次の人へ……さらには、物資の配給所には被災者ではなく、あろうことかマスメディアの取材者が列をなして食料を受け取っているのである。私が抱いたような葛藤は彼らにはまったくないらしい。報道され、発信される情報と、その裏で繰り広げられる取材の実態に言葉を失った。彼らは、思い描いた被

写真 1　淡路島，旧北淡町富島地区に現れた断層変位
写真中央部左から右へ，直線状の断層によって変位を受け，奥側が隆起している．変位によって近傍の住宅が破壊されている．

災像に沿った絵・コトバを取ることに躊躇がない。被害は大きければ大きいほど報じる価値がある。だから私たちの調査からも「前例のない大規模な地震だった」という言質を取ろうと老練な質問に躍起であった。「結論」ありきの取材とも言えよう.

この一連の調査で、フィールドワーカーとしての私は、調査する側と調査される側との関係、天変地異の事象において優先される課題、という今日に至るまで解けることのない難題と対峙することになった。と同時に、マスメディアが報じる「事実」とは何なのか、考えさせられ続けることになる。

ヒマラヤの氷河湖をめぐるマスメディアの言説

時は経ち１９９９年。兵庫県南部地震以降、私はヒマラヤをフィールドに氷河にかかわる調査を重ねてきた。災害現場に身を置くことにためらいがあった私は、山好きが高じて人里離れたヒマラヤに身を投じていた。そうした調査のなかで、空中写真を判読し、ネパール東部の氷河の悉皆調査を行って､近年の氷河変動の実態を明らかにした。４６５に及ぶ氷河の末端位置に着目し､拡大しているのか、変化がないのか、あるいは後退して縮小しているのか、調査した。概観すると、6割の氷河が後退し、3割の氷河が変化なし、1割の氷河は前進している、という結果になった。近年地球が温暖化しているから、氷河は融けているだろうとされている。したがって、概ね合致する傾向が得られたものの、3割で変化がなく、1割は前進していたとなると、そう氷河の縮小ばかりが闇雲に強調されては困る、ということになる。それに「氷河が融けていること＝地球温暖化」といえるかというとそう単純ではない。江戸時代の末期、１８４０年頃をひとつのピークとして気候が寒冷化した時代があった（小氷期という)。寒冷化したので、氷河の多くは拡大したのである。そうした小氷期から現在の比較的温暖な時代へと変化したので、現在の気候に適合するよう氷河も変化しており、その結果、多くの氷河が後退し、縮小している。それに輪を掛け、温暖化が影響しているの「かも」しれない。

ひとつの成果を得たものの、調べたのはネパールの東半分の氷河だけ。もっと長い時間スケールでも調べる必要があるし、もっと多くの山域で調査をするべく、ネパールに住み着いて、各地のフィールド調査を始めた、そんな時だった。時を同じくし、私もかかわっていた氷河調査グループの長老先生がネパールでの長期滞在を終え、ヒマラヤの氷河湖に関する知見を携え帰国なされた。ヒマラヤでは氷河がどんどん融け、その融け水が氷河前縁の土砂にせき止められ、次々に「氷河湖」が出現している。これが何かのきっかけで決壊すると、下流域が壊滅的な被害が出ると予想される。ネ

写真 2　決壊の危険性が過剰に喧伝されているイムジャ氷河湖

実際には，湖の堤体よりも湖盆の方がだいぶ深いので，決壊して湖水がすべて排水することはありえない．

パールは発展途上国で、地球温暖化には何らコミットしていない、それにもかかわらず温暖化の被害を被っている、こういう文脈が発生すれば、マスメディアが飛びつくのは言うまでもない。多くのマスメディアでヒマラヤの氷河湖問題がクローズアップされた。そして、テレビの特集ドキュメンタリー番組が組まれることになった。取材班はネパールにやってきて、当然、私自身もそのなかに巻き込まれることになる。

「地球が温暖化すればヒマラヤの氷河は融けますよね？」取材の過程で、何度尋ねられたことだろう。答えは、「たぶん」を付けたうえで「Yes」と答えざるをえない。しかし逆に、「ヒマラヤの氷河が融けていれば、それは地球温暖化のせいか」と問われれば、すでに説明したとおりで、明確に「No」と言える。なぜ「No」なのか、上述の説明を何度丁寧にしたことであろう。マスメディアは地球温暖化の被害者として住民を描出し、氷河湖の危険性を説くことこそが使命だと確信して疑わない。この構図のためには、ヒマラヤの氷河が地球温暖化で融けていないとならない。いうなれば、「結論」ありきの言質取りの取材である。そして、住民を無抵抗で一方的な被害者として描き出す。危険なことを喧伝する。住民は、やってきては危険性を喧伝するだけのマスメディアのみならず研究者にさえも、辟易とし、苛立ちを隠さない。先進国の側が一方的に「危険だ、危険だ」と喧伝するとき、その語りに現地に住み続ける人びとの視点は確保されているのだろうか。まさに、取材・調査する側とされる側の非対称性がここに描き出されている。

日本の住居を引き払ってネパールに住んでいた私は、現地の言語を駆使し、住民に研究の意義や意味を説いているうちに、外国人ながら「報じられる側」に回っていた。そして、マスメディアとして取材する側とされる側との関係とは何か、マスメディアが報じる「事実」とは何か、またしても考えさせられることになる。

２０１４年御嶽山噴火でのメディアスクラム

マスメディアとの葛藤に疲れ、またいつしかそうしたマスメディアとも疎遠になっていた。

２０１４年９月27日、そんな私はまたしてもマスメディアの最前線に否応なく引っ張り出されることになる。木曽御嶽山噴火。その日、私は残雪調査の予察のため御嶽山に登っていた。午前11時35分、御嶽山の山頂部の一角で休憩を取った。そこから見る山頂・剣ヶ峰は先ほど通過した時と変わらず50名ほどの登山者でぎっしりだった。11時52分。地形図に目を落としていたその瞬間、激しい落石音がした。爆発音や爆風があったわけではない。目を落石音の方に向けると、積乱雲のような噴煙が立ち上がり始めており、少し前までいた剣ヶ峰は噴煙にすっぽり覆われていた。見る間に噴煙は上空高く立ち上り、四方へも急速に拡散していた。次いで11時57分、先ほどよりも激しい落石音がし、二度目の噴火である。ますます噴煙は湧き上がってきた。

御嶽山の山頂部は南北に長く、南端の剣ヶ峰のさらに南側で噴火が生じた。私がいた場所は噴火口から１km ほど離れており、直ちに危険が迫る場所ではなかった。まず何が生じているのか、できるだけ正確に判断し、そのうえで適切な場所へ避難をする余

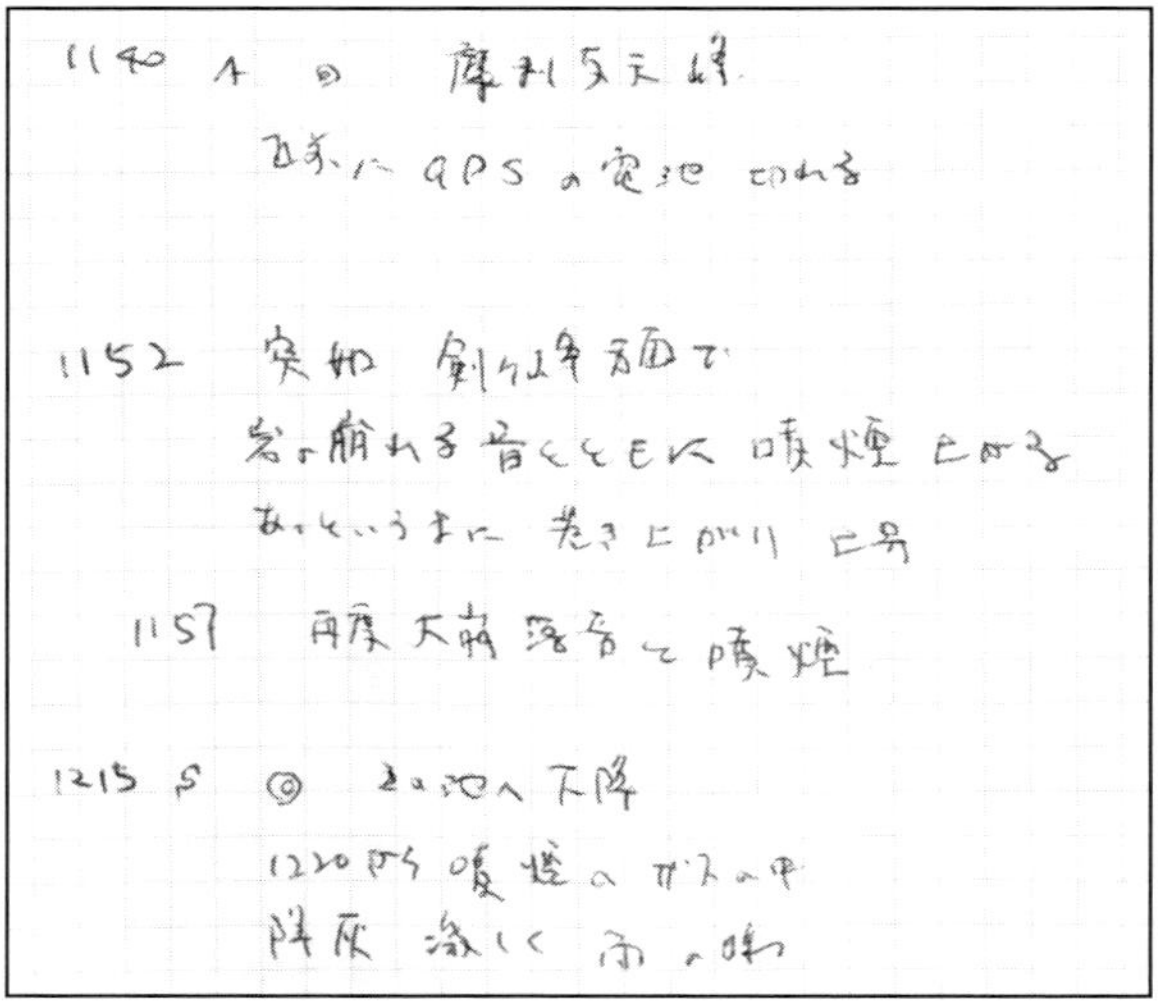

図１　噴火前後に記した野帳記録
２度目の噴火が大きかったことを記録している.

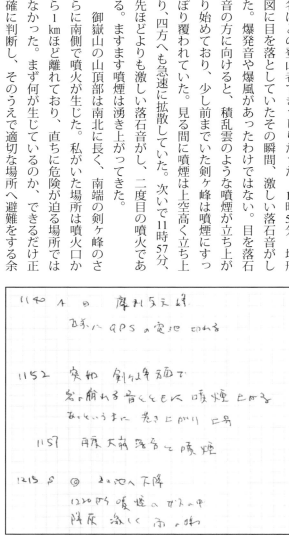

裕があった。12時をすぎると激しく降下する火山灰で視界は限られ、現況把握にも支障を来し始めたので、集まってきた10名強の登山者を誘導して噴火とは逆方向で最寄りの山小屋に一時退避をした。

写真3　噴火前後の御嶽山，剣ヶ峰
上：噴火直前の剣ヶ峰，11時38分.
下：噴火直後の剣ヶ峰，11時54分.
ともに御嶽山摩利支天展望台から撮影.

そこで少し落ち着いて、自身の役割を考えてみた。剣ヶ峰には50名以上の登山者がいたと思われ、噴火のまっただ中にある。迅速な救助が必要である。しかしながら、激しい降灰で下界からは山頂部を視認できない、噴火の様子もわかっていない可能性がある。そして私がいる山小屋には50名ほどの登山者が避難しており、幸いけが人はなく、みな驚くほど落ち着き払っている。そこで関係官署に山頂部の様子を伝えるのが使命と考え、12時50分、単身、山小屋を飛び出し下界を目指して全速力で下山した。噴火から3時間を要せず、登山口まで下山した。そこで愕然とする。救助の様子がまったくないのである。山岳遭難救助隊も地元の消防団も、警察の機動隊も、救助にあたる人員がまったくいないのである。少なからず山岳遭難の現場に立ち会ってきた私にはまったく理解できなかった。それでも地元自治体の職員がいたので「今、山頂から降りてきた、山頂部の様子を伝えたい」と話すも「私の担当ではない」とけんもほろろであった。がっかりし、下山をする。規制線が張られているなど知る由もなく、登山口からさらに降りたところで、マスメディアに捕まる。私にできることは、マスメディアを喚起して救助が一刻の猶予もないことを伝えることであろうか。山頂部の様子を伝え、写真を提供した。それらは翌日、地元紙の朝刊1面に掲載され、さらに全国紙の電子版に大きく扱われた。地元の大学のそれも「山岳科学研究所」の所員、というのがマスメディアの食指を惹起したのだろう、月曜の朝、職場に出勤した瞬間からメディアスクラムに見舞われることになる。電話は鳴りっぱなし、また複数のマスメディアがアポなしで研究室にやってきた。対応は完全にパンク状態になった。

聞かれたことにはできるだけ誠実に答えるように努めた。しかしながら、取材の多くは、「なぜ噴火したのか」、「噴火を知っていて山に登ったのか」といった、火山学者ではない私には荒唐無稽の質問のオンパレードである。たいていの取材では、当日の私の足跡を聞き出すのだが、地図を片手に取材していたのはわずかに1社しかなかった。科学部•気象庁担当記者からの取材もたったの1社であった。それまでは主に新聞各社とテレビのニュース番組の取材であったが、数日後からは週刊誌、そしてテレビの情報番組の取材にシフトした。すると質問はますます輪を掛けて的外れなになった。「次に噴火するのはどの山か」、「富士山はいつ噴火するか」などなど…。救助については「なぜ登山者を見捨てて、一人で下山したのか」と心ない質問をする社すらあった。ともかく、噴火当日、私が願った「一刻も早い救助を」はどこも報じてはくれず、聞いてくることは、センセーショナルに「次はどこが噴火するか」、「富士山噴火か」である。その質問に私が答えるのが適当かの裏取りもないまま。もし私が軽薄に答えれば、マスメディアは山岳科学の研究者の見解としてそれを報じるのであろう。またしてもマスメディアが報じる「事実」とは何なのか、考えさせられてしまうのである。

取材の過程を整理するとこうなろう。初期はニュース取材。名前と所属が既報されているので、それを使って後追い取材。ニュースの特集番組で私の被取材が報じられると、情報番組が後追い取材。名前と所属だけで後追い取材をするので、私が火山学者か、などということは関心すらない。そうすると、取材で得られるソースの信憑性が担保されていようがいまいが、他社に先行されるのがひたすら恐ろしいのであろうか。ともかく、どういうことか、いくら私が否定しようが、勝手に「火山学者」に祭り上げられてしまった私は、どこかで噴火事象があると決まって取材を受ける憂き目に遭ってしまった。私はいち被災者である。

研究者とマスメディアとの齟齬

フィールドワークを始めた端緒から今日に至るまで、忘れた頃にマスメディアとの邂逅を経験してきた。そしてそのたびに、マスメディアの取材、すなわちマスメディアが知りたいこと（報じたいこと)と、研究者の視座との間に埋めがたい乖離があることを痛感する。研究者の関心は何か。研究者は、何が、どういう理由（原因）で、どうなった（どうなる）、という理論、道理が思考に不可欠であり、基礎科学分野に従事するフィールドワーカーであれば、とりわけ「どういう理由」、が重要視される。また調査にあっては、仮説はあってもフィールドでの観察、記録に忠実である。この記載から通奏低音する論理を紡ぎ出す。一方マスメディアは、それがニュース解説であっても、「どうなる」が最も大事で、それがインパクトが大きくセンセーショナルであればあるほど報道価値がある。したがって途中の道筋である「原因」には関心がない。既述のように「結論」ありきの取材は当たり前ですらある。取材者と被取材者との非対称性も顕在する。ここが研究者とマスメディアとの齟齬の原因の一つであろう。そしてその結果、マスメディアが報じる「事実」の裏取りができないと感じてしまうのである。

フィールドワーカーはとりわけ、現場をつぶさに見聞きし、体験も重ねているので、事象のプロセスが実体験としてウェイトが大きくなる。そうすればなおさらマスメディアとの乖離が大きくなり、研究者の側からすると、予め描いた画に沿った言質取りをされているに過ぎない、ともなる。とはいうものの、果たして歩み寄る手段があるのか、見当もつかないでいる。

参考文献

・朝日克彦（２００９）ヒマラヤ山岳氷河変動．小川利紘・及川武久・陽 捷行編『地球変動研究の最前線を訪ねる』清水弘文堂書房，pp.346-357.
・朝日克彦（２０１６）噴火時の避難行動――突発事象への対応を考える．「地理」32巻５号，pp.24-31 ＋口絵．
・中田 高・蓬田 清・尾高潤一郎・坂本晃章・朝日克彦・千田 昇（１９９５）１９９５年兵庫県南部地震の地震断層．「地学雑誌」104巻，pp.127-142.

5 マスメディアが目指すのは「事実」よりも「新奇・好奇」なものなのか
アフリカ熱帯林におけるマスメディアとの体験より

西原 智昭
NISHIHARA Tomoaki

礼儀をわきまえないマスメディア

ここ数年内のことである。ぼくの仕事場であるコンゴ共和国（図1）に、ある日本の民放テレビ会社から電話がかかってきた。「Xという放送局のものですが、このたびYという番組の企画が通ったので、西原さんを取材するため2週間後にそちらに現地に行きます。どうぞよろしくお願いします」と唐突にいう。こちらは面を食らう。お互い初めての会話であるのに挨拶もろくにしないばかりか、いまこちらが電話で対応できるかどうかの都合も聞かずに、急に要件を切り出したからだ。

「まず撮影をされるにはコンゴ共和国政府からの撮影許可証が必要です。その許可証発行までは面倒な手続きがあって、少なくとも3カ月はかかります。それがないと、たとえば空港で撮影器材を没収される可能性もあります。またコンゴ共和国は交通手段が十全に整備されていないので、ぼくの仕事場である国立公園近くの現地までの交通手段はよほど事前に手配しないと来ることは容易でないでしょう。それに、こちらの都合も調整せずに突然撮影に来ると言われても対応はできません」とぼくは冷静に告げる。「しかしもう企画は決まったので、訪問することは確実です。なんとかお願いします」と相手は食い下がる。「しかし、許可証は2週間では間に合わないし、こんな直前に交通手段の手配もできません。残念ながら、こちらとしてはご協力しかねます」と慇懃に対応すると、「そこをなんとかお願いします」と向こうの声はだんだん泣き声になってくる。「それならどうぞコンゴ共和国に来てくださってもよいですけど、ぼく自身やWCS（＝Wildlife Conservation Society：筆者が現在所属している国際野生生物保全NGO、本部はニューヨークにある）は一切助力できませんのでその旨ご了解ください」と相手に有無をも言わせず電話を切る。

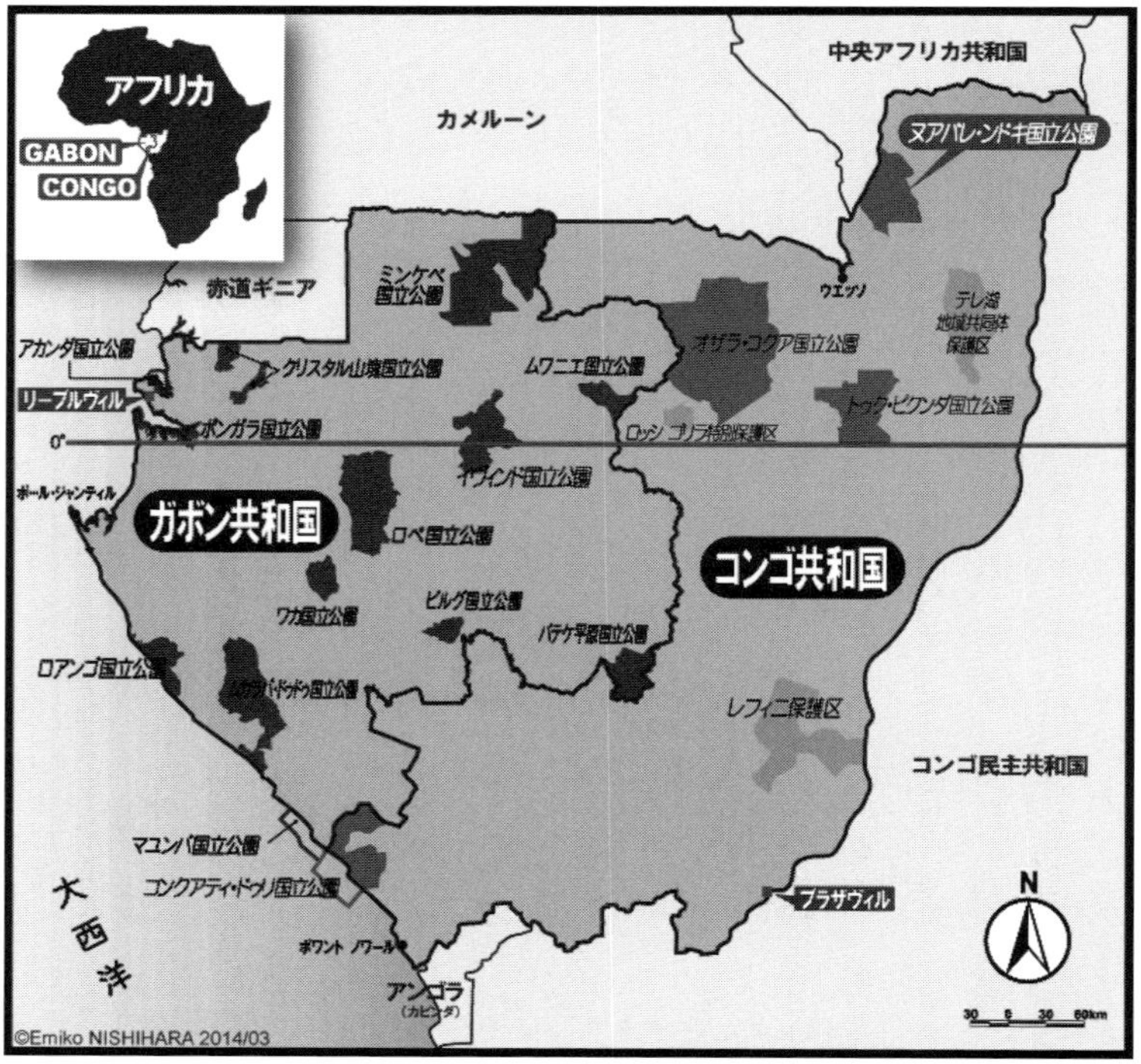

図1　筆者がこれまでフィールドにしてきたコンゴ共和国とガボン共和国　＠西原恵美子

その類の番組はすでにぼくも知っていた。日本に一時帰国した時もテレビで垣間見て、すぐにチャンネルを変えたくらいである。ほとんどすべての放送局で最近はやっているらしい番組で、日本から遠い場所に住んでいる日本人を訪ね、場合によっては芸能人も連れて、面白おかしく当の日本人を紹介する番組だ。通常の日本人では想像もできないようなそうした異郷にいる日本人を興味本位で扱うような番組だと思えた。なので、取材要請があってもこの電話でいうような番組には協力しないことはすでに決めていたのだ。もちろんぼく自身は、番組を通して自分の名を世に知らしめるということにも毛頭興味はない。

実際、他の放送局も、メールなどで直接的・間接的にコンタクトしてきた。要するにわれわれは、遠い地に住む日本人の事例として、どの放送局も題材にしたい対象だと考えられていたのだ。取材を断るのはいうまでもないが、こうした電話での対応の無礼さからもみても、きっと現地に取材に来ても横柄な態度で、「自分の番組のことしか考えない」傾向の強い取材・撮影スタッフが来るのであろうと思うとやり切れない。

マスメディアの取材対象になりやすい「事例のない」存在

もちろん、そうした取材要請が来るのもわからないわけではない。ぼくが野生生物保全の分野にて長年アフリカで従事している事実は、おそらく日本人で初めてであるし、コンゴ共和国という国名すら多くの日本人には知られていないうえに、国立公園のある場所もきわめて辺鄙な場所である点、格好の取材対象なのであろう。ぼくの妻も、マスメディアにとっては好奇心をそそるものと容易に想像できる。

ぼくがアフリカにかかわるようになったのは、１９８９年京都大学理学部の人類進化論研究室の大学院生になってからである。28年前のことだ。その研究室を選んだのは「人類の起源と進化」への関心が強かったからである。人類の起源や進化を探るには、太古の時代の人類の祖先の化石や遺物から検証する（自然人類学）、人間に最も近い現生の動物であるサルの生態や社会を研究する（霊長類学）、あるいは現生の人類のなかでいまだ自然に強く依存して生活している人びとを調査する（生態人類学）などの分野があった。

4回生の卒業研究では、人骨などを対象にした自然人類学を選択した。しかし、ぼくの関心は、サルのなかでも最も人間に近い類人猿、現生の類人猿の生態・社会を研究していくことにやがて移っていった。１９８９年、京都大学調査隊の一員として偶然にも行く機会を得たコンゴ共和国のンドキの熱帯林で、ぼくは、これまで詳細な生態がまだ明らかになっていなかったニシローランドゴリラ（写真1）を研究対象に選んだ。初めてのアフリカ渡航では、何もかも初めてだった。アフリカ滞在はもとより、3カ月以上の海外

写真１　ンドキの森でのニシローランドゴリラ
＠西原恵美子

滞在も初めて、野生動物を対象にすることも初めて、本格的な調査研究も初めて、森という自然界のなかでの生活やキャンプ（テント）生活も初めてであった。もちろんことばも初めはできなかった。これまでの研究成果の蓄積がないため、初期調査で充分な研究結果が得られない可能性があるというリスクもあった。こうして、ゴリラや熱帯林を研究するフィールド・ワーカーとしての生活は始まったのだ。

ぼくが調査を始めた当時、コンゴ共和国を含むアフリカ中央部地域でのニシローランドゴリラの研究は、ガボンや中央アフリカ共和国でのいくつかの報告があるだけだった。それまでゴリラといえば東アフリカの山地帯に生息するマウンテンゴリラであり、その調査結果からゴリラは繊維性食物中心の菜食主義者だと考えられていた。果実もほとんど食べないという。ところが初期のローランドゴリラ研究者は「いやローランドゴリラはマウンテンゴリラとは違い、果実食者だといえる」というような結果を出していた。これはいままでの「ゴリラ観」とはちがうテーゼであったので、研究者にとって魅力的な題材となりつつあったが、しかし初期の研究は調査期間も情報量もまだ充分とはいえなかった。

たしかにぼくが研究を開始した当初は、ゴリラは本当によく果実を食べているなという印象を持った。しかしそれは季節的なことで、ぼくがはじめの何カ月か滞在していくうちに必ずしもそうではないのではないかと疑いをもち始めた。だんだん森のなかから果実がなくなっていったのである。するとどうなったか。同所的に生息するチンパンジーは樹上から樹上へというその機動力を生かして、あいかわらず果実を主食にしていた。しかしゴリラは、マウンテンゴリラと同じような草本類の菜食主義者になったのである。熱帯林における果実生産は変動が激しく、季節による違いや年ごとによる違いも大きい。長期調査で結果的にぼくが発見したことは、ニシローランドゴリラは季節的には果実にこだわるが、基本食はマウンテンゴリラと同様、草本類だということだった。

しかしながら、長い間熱帯林のなかで「研究」をすることと、今の職であるその研究の対象であった森や野生生物を「保全」していくこととはすぐには結びつかなかった。ぼくが今のような「保全業務」に携わっていくまでには、いくつかの紆余曲折があった。

自分の研究が一段階してから、ぼくはあくまで研究者として、コンゴ人若手研究者の育成に励んだ。研究対象はゴリラやチンパンジーといった動物だけでなく、植物や昆虫にまで広がった。その熱帯林にはゾウもいた。マルミミゾウと呼ばれる通常のアフリカゾウよりはやや小柄なゾウだ（写真２）。

１９９８年のある日、ＷＣＳのアメリカ人から、「お前は日本人のくせに、ゾウのことを知ろうとしない。日本人が象牙への需要を持つからゾウは殺され、象牙は密輸されるのだ。日本人として何かしないのか」と言われた。そして、熱帯林生態系にとってマルミミゾウの果たす生態学的役割の重要さも勉

写真２　ンドキの森でのマルミミゾウ
＠西原恵美子

強した。

ときを偶然にしてコンゴ共和国に内戦が起こり、まだ京都大学の籍があるにもかかわらず、ぼくはそのアメリカ人から内戦中の国立公園基地の維持を任される。このことを契機に、純粋な研究から足を洗い、国立公園の保護の道を歩むことになった。研究を始めてから約10年後にぼくは「野生生物保全」の大切さを学んだのである。

ぼくが研究者時代以降、これまで保全の仕事でかかわってきたコンゴ共和国やガボンを含むアフリカ中央部熱帯林地域は、ただでさえあまり知られていない場所であり、学術的にも謎の存在で、これまでほとんど撮影の対象になっていなかったニシローランドゴリラなども、取材の格好の対象ともなった。また、「研究者業」から「保全業」——同じフィールド・ワーカーではあるが——に変遷したそのいきさつもマスメディアには関心のある対象であるらしい。しかも、そこに日本人が「常駐している」ということは、メディア隊にとって、その異郷の地にいる日本人も取材対象にできるだけでなく、通訳兼現地での諸々のアレンジをしてくれる「便利屋」という位置づけになっていたらしい。

そうした経緯で、フィールド・ワーカーであるぼく自身、日本だけでなく諸外国の撮影隊の現地コーディネート係として、これまで20回ほどかかわってきた。ときには、一部出演のケースもあったし、場合によってはぼく自身が番組の主人公になることもあった。

ぼくがこれまでかかわってきた日本のテレビ番組の題名からしてみても、いかにも「初もの」「珍しいもの」を強調するものが多い。そこでは、「最後の…」とか、「未知の…」ということばで題名は修飾されている。たとえば実際には、「最後の原生林」、「ゴリラの謎」、「未知なる密林」、「神秘の海岸」、「初公開」などといったことばがタイトルにちりばめられる。それにより、視聴者の「好奇心」は呼び起すかもしれないが、野生生物にかかわることを放映してはいても、実質的にその危機的状況やアフリカの抱える実情など、事実に基づいた真摯な内容はほとんど扱われないのである。

多くの人びとにとって、テレビなどの映像放送媒体は実際に体験のしにくい自然界や野生のことについて知る格好の媒体であるはずである。しかしながら昨今、それを適切に紹介するドキュメンタリー的なテレビ番組の数は急激に減ったため、一般の人びとがそうした世界の知見を得る機会がかなり限定されてきている。そうであっても、とくにテレビ番組の影響力は不特定多数への影響という点では、「保全問題」のメッセンジャーとして有効な手段であることは変わりない。

フィールドの現場からみたマスメディアのもつ課題

（1）撮影隊は環境を配慮しないこともある

驚愕した例の一つは撮影チームがンドキを訪れたときだ。ぼくは直接その仕事とはかかわっていなかったが、現場での有用な情報提供は惜しまなかったし、実際何日かに渡り、われわれのキャンプ地を利用した彼らをもてなしていた。驚愕したのは、彼らはなんと60人余りのポーターを使ってすべての荷物を運び入れた（写真3）。そのとき村からは、女性も子どももポーターとして駆り出されたという。それは必要な撮影装備やキャンピング装備、基本的な食糧だけではない。自国から持ち込んだ山のようなお菓子や紅茶、その他もろもろの物品も含む。そのチームが森を

写真3　ンドキの森に物資を運ぶポーター
＠西原恵美子

通過しキャンプを作ると、熱帯林のその一角はきれいに小木や草本が刈られ、一大広場と化す。そして何よりも人が多く騒がしい。いくら撮影が目的とはいえ、これでは撮影の前提段階から、撮影現場である森林環境そのものによい影響を及ぼしているとは思えない。強引過ぎるのだ。

（2）撮影隊は動物をおもちゃとして扱う

別のエピソードもある。これはぼくが同行した日本のテレビ・チームでの出来事だ。果たして、カメはおもちゃなのだろうか――。ンドキの森のなかに体長30㎝弱の陸ガメ（写真4）がいる。名を〝クンダ〟という。クンダは現地の先住民にもいつも笑いものにされる。歩くのがのろい、動きが鈍いというのが大きな理由であろう。こっけいな仕草、こっけいな体型というのも人の笑いを誘う。しかし、このカメもヌアバレ・ンドキ生態系の一員であることには間違いない。野生生物なのだ。その自然のありのままの姿を映像に収めてもらいたい。生態学的にも、森の分解者であるキノコの捕食者であるという点もおもしろい。

そのときのテレビ隊にとっても、このカメはご多分にもれず撮影対象の一つであった。1週間森を歩いたあとで、やっとクンダが見つかった。メスであるようだ。ところが撮影隊のカメに対する振る舞いには目にあまるものがあった。撮影対象を撮影しやすい、撮影したいように手で甲羅をつかみ配置す

写真4　ンドキの森での陸ガメ
@西原恵美子

る。緊張しているせいか、首を縮こませているクンダに、歩けといってみたり、キノコを持ってきて甲羅をたたいて無理矢理キノコを食わせようとしてみたりした。いいものを撮影したいというメディア隊の気持ちと意気込みは理解できる。しかし、彼らにとってはたかだかカメのことかもしれない。しかし、カメは「おもちゃ」なのだろうか——。

こうしたカメへの取り扱いに対する不満については、国立公園の規約でもなければ、コンゴ共和国政府からの要請でもない。ぼく自身の感覚にすぎない。たとえば、ゴリラ、チンパンジー、ゾウといった動物に、自分の望むように動いてもらえるであろうか。不可能である。せいぜいできることは、こちらのカメラの位置やアングルを変えるか、とりたいような映像の状態がくるチャンスを待つしかない。そう考えたとき、同じ野生生物であるカメとゴリラにどんな差があるというのか。カメに対しては、動きが鈍く無抵抗であることを利用しているだけではないのか。

そうした理不尽な撮影が一通り終わってから、ぼくはカメを元いた場所に返した。きっとそのカメにとって最も落ち着く場所であるにちがいないからだ。周囲のキノコの場所を知っており、近くにはその巣もあるはずだ。撮影の間は本当に申し分けなかったと思う。元の場所に戻って、元の暮らしにもどったことを心から祈らないではいられなかった。

（3）マスメディアは編集時に事実をオブラートする

仮に現地での撮影が、自然や野生生物に大きなインパクトも与えずに順調にいったとしても、それを編集して番組を作ることはまた別問題だ。たとえば、こうしたテレビ番組を通じて、日本の象牙利用はアフリカ中央部熱帯林に生息するマルミミゾウの生息数に影響を与えているかもしれない、というメッセージをぼくは伝えたいと思っていた。象牙の需要は、密猟というゾウへの違法行為を加速化するからだ。とりわけ日本には他の象牙利用国にはない、マルミミゾウの象牙（しかもそれを業界では「ハード材」と称し他の象牙素材と区別している）に特化した需要があるユニークな国であるからだ。インタビューも受けてきちんとぼくの表現で画面に流れる予定であった。しかし「西原君、日本ではまじめな放送は流しにくいんだよ。茶の間で見ている人たちはまじめな場面が出てくるとすぐにチャンネルをひねっちゃうんだ」と撮影隊のディレクターに言われる。案の定、ぼくのインタビューは番組では全面的にカットされた。〝ドキュメンタリーはやらない〟〝まじめな番組は見ない〟とマスメディア側はいうが、視聴者からみたらほんとうにそうなのであろうか？

編集時の問題点はさらに多岐にわたる。まったく異なる状況で撮影したのにそれをつなぎ合わせる、都合のよいように撮影した順序を入れ替える（たとえば、最終日の撮影したものをあたかも初日の映像であるかのように見せる）、まだ科学的にも答えがはっきりとしていない問いについても強引に回答を引っ張り出してこようとする、そうしたナレーションにおける説明の仕方に慎重さを欠く、番組に出てくる地元アフリカの人への配慮が足りない、などなど。挙げれば切りがない。番組製作者にとって重要なことは、その番組が大衆に受けるかどうかがすべてであるように思えてしまう。その目的のためには、少々の不条理があっても突き進めてしまうのをぼくは目の当たりにしてきた。

ある番組の編集時に携わったとき、ぼくは奇妙な現象に出会った。撮影中にはたいてい現地の人へのインタビューがある。現地語のわかるぼくには編集時にその翻訳を任せられた。しかし実際の番組になると、インタビューはある場面では現地語をそのまま流し日本語の内容はサブタイトルで見ることができるのに、なかにはインタビューの音声に日本語をかぶせてしまう。よくよく分析してみると、前者ではインタビュー時の実際の言葉と日本語とが確かに一致しているのだが、後者の場合にはそうではないことがあった。視聴者にもともとの言葉を聞かせずに、編集上都合のよいように、そのインタビューの内容がすり替えられていたのである。無論、もとの音声が聞こえなければ視聴者はそれには気づかないであろう。しかし気づかないからといって、してよいことではない。事実を後回しするあるいは隠ぺいすることは、マスメディアの使命ではないはずだ。

別の番組では「監修」の依頼が来た。ぼくがこちらアフリカでかかわっている対象の一つであるマルミミゾウに関する番組だ。送られてきた映像をもとに、細かくコメントを入れた。しかし、実際に放映されたものは、そのコメントがほとんど生かされていなかっただけでなく、一部事実関係と異なる内容の番組なのに、ぼくの名が監修者として表示された。まったく遺憾であった。関係するプロデューサーに直接コンタクトを取ったが、謝罪する一方で、「この番組は再放送しないので容赦してくれ」とのことであった。何のための監修依頼だったのか理解に苦しむ。

（4）テレビで重要なのは視聴率のみなのか

番組にとっては視聴率が最大の関心事であるようだ。だから、上記のような尋常とは思えない「番組の作り方」があると思われる。タレントを連れて世界の果てに行き、深刻な内容でなく面白おかしい内容に仕上げるのも当然であろう。そして視聴者を番組の最後まで見続けてもらうために、まじめなドキュメンタリーよりも、エンターテインメント的な番組が多数になるのである。最近はクイズ形式も多くなった。これも、番組の最後まで質問の答えを明かさずにおくことで、視聴者にチャンネルを変えさせない手法なのであろう。しかし、野生生物に関することでは、まだまだ科学的にもわからないことが多く、質問に対する答えも明確でないことは多々ある。そのとき、ある番組では、その答えがまだ仮説の段階であっても断定的に答えとして出してしまう弊害もある。また高い視聴率の獲得は、放映局内での昇進とも絡んでいるらしい。その場合、その番組を見る視聴者は二次的なものなのである。

（5）日本のマスメディアが欧米に学ぶべきこと

テレビ撮影隊の欧米と日本との違いを見ると、さらに課題は浮き彫りになる。最大の違いは資金であろう。自然ものや野生生物を扱う欧米の多くのマスメディアは豊富な資金を持っているようである。事前調査も充実しているし、現地での撮影期間も長く、撮影機材・方法も多岐にわたる。それにより、自信を持って、大がかりなドキュメンタリー番組を制作する。日本のおおかたの撮影隊は、事前調査が不足しているうえに、現地での時間が短い。したがって、現地での強引な撮影も厭わないし、編集時に事実ではない内容が流れたりする傾向がある。

資金の豊富さの違いは致し方ないにしても、撮影時あるいは編集時の態度は改善できるであろうと期待する。たとえ短い撮影期間でも、丁寧に事実を拾っていく姿勢は可能であろうし、そのときに撮影対象にできなかったものは情報を収集し、次回の撮影の企画に回すような意欲も必要であろう。実際、欧米のマスメディアは同じチームが繰り返し同じ現地を尋ねる。あるときは撮影対象を変え、あるときは同じ撮影対象の時間的変化を追う。ぼくは一度コンゴ共和国の現地に来たことのある日本の放送局に以前とは違うアングルで撮影できますよ、と何度か推奨してきたが、「そこは一度行ったことがあるから」というのがお決まりの回答で、二度同じ場所に来ることはない。あくまで、「初めての場所」あるいは「初めての対象」が日本のマスメディアにとっては最大の関心事らしい。

（6）ネット情報は信頼しかねる

インターネットもマスメディアの一つではあるが、情報の由来が不明であることが多々ある。それゆえ、その情報の信ぴょう性を確信できないケースも少なくない。あるいは、ネット利用者の「勝手な」判断で、そうした情報を「組み合わせたり」「本来とは異なる文脈で使用したり」できるリスクがある。

これまたぼくの経験であるが、偶然一時帰国の時に、「ガボン沖合でクジラとカバの撮影をしたいので、ぜひコーディネートをお願いしたい」という依頼が来た。ガボンの海岸部の国立公園管理にも5年以上携わってきた経験があり現地の事情を知る者として、その依頼を引き受けることも可能ではあった。ただ、そのとき放送局ですでに容認されたという企画書をみたときのショックは隠せなかった。

ガボンの大西洋岸では確かに季節によってはザトウクジラが回遊する。また、それとは別の時期にはカバも海に入る。しかし、カバはクジラがいるような遠い沖合に出ることはなく、せいぜい海岸から数十m程度しか入らない。それなのに、この企画書では「あるネットの情報からとった」という写真を出し、「クジラとカバが同じ場所で一緒に泳いでいる」と強調してあったのだ。そんな事実はまったくない。そしてどこから仕入れたかわからないような写真をじっくり見ると、クジラは確かに映っているが、その横には、別のクジラのヒレ顔しか映っていない。カバの姿はどこにもないのに、写真のなかで、クジラの尾ヒレを指して「これがカバ！」と矢印を入れているのであった。なんの根拠もないネット情報を番組企画者は引っ張り出し、その企画案がなんの確認ないまま会議で通ってしまうという問題の多い放送局のあり方が垣間見えた経験であった。もちろん、撮影のコーディネートは引き受けなかった。

それでもテレビは計り知れない影響を与え得る

個人的な体験である。ぼくが少年の頃から、最も興味を抱いていたのは「宇宙」と「野球」であった。

野球の話は別稿に譲りたいが、テレビなどマスメディアから大きな影響を受けたことは確かだと思う。ぼくと同年代の方はお祭しがつくであろうが、1970年代後半はいろいろな意味で、アポロの月面着陸以降の「人類の宇宙進出の未来」がクローズアップされた時代だ。テレビのドキュメンタリー番組では、宇宙と地球を往復できるという画期的な「スペースシャトル」時代の開闢を謳い、映画では「スター・ウォーズ」が始まり、アニメでは宇宙を舞台にした「宇宙戦艦ヤマト」や「銀河鉄道999」の隆盛期であった。また音楽の分野でもそうした傾向を煽るかのように、「宇宙的な音楽」と標榜されたシンセサイザーを駆使した音楽が売りだされた。

天体望遠鏡を持っていたぼくは、そうしたテレビを中心としたマスメディアに刺激されるように、高校以降は友人と徹夜で月食を観察しに行ったりもした。それで、大学も「天文学」を専攻できるところを目指すようになった。ただ、純粋に天文学を勉強することに関心があったというよりは、この不可思議な人間、そしてまた人間の住む地球を、宇宙という外から眺め、あるいは遭遇するかもしれない宇宙人とコンタクトすることができれば、人類とは何か、人間の謎といったものに、「地球外側からの視点で」アプローチできるのではないかといったような、いまから思えばあまりにも単純で子どもじみた考えを持っていたのだ。

結局、浪人時代を経て、入学した大学では、天文学を勉強するより、浪人時代以来お世話になった予備校の講師から刺激される形で、人類の起源や進化、人類の本質を知るための「人類学」という分野に関心を持つに至り、書籍を読みながら、その学問分野に関心が移っていった。人類を理解するには宇宙に行かずとも、宇宙を認識する人類こそ、最も不可思議な人類こそを研究すべきだと思うに至ったのだ。これが、「人類学」を専攻するようになった最初の出発点となる契機であった。思うに、世界に住むいろいろな民族や、地球上の野生生物を紹介したいくつかの番組から幼いころ強い印象を受けたのを覚えている。そうした「未知の世界」を知ることで、その生物や人間の多様性に驚きながら、そのなかで、いかに自分がちっぽけで、取るに足らぬ存在であることを思い知らされた。それも、最終的に「人類学」のフィールド・ワーカーを志した自分へとつながっていると思う。

映像メディアがいま抱える課題は、そうした宇宙や自然、野生生物や民族を紹介するようなドキュメンタリー番組がほとんどなくなり、視聴者ではなくマスメディア側の好奇心が前面に出るようなエンターテインメントやクイズ形式に終始しているような傾向であろう。

日本のマスメディアに望むこと

マスメディアは大衆の好みをフォローしているというが、大衆にはマスメディアの思惑とは別の嗜好もあると思う。むしろ、マスメディアが大衆を操作しているように伺える。マスメディアがいうように、ほんとうに日本の視聴者は純粋で淡々としたドキュメンタリーを望んではいないのであろうか。それとも多少事実とは異なっていても、面白おかしい筋のある番組の方が好まれるのであろうか。撮影・編集の現場を知っているだけに、よほどしっかりした監修者やアドバイザーが不在であれば、必ずしも事実に即していない内容の番組が多いのではないかと容易に想像できる。マスメディアは視聴率を優先しすぎるために、本来報道されるべき事実関係が揺らぎ、しかもその結果、テレビを見る大衆は操作されているという結果になる。そうした番組が毎日何本も制作されているという現実、そしてそれを視聴している一般の日本人、そしてそれがわれわれの日常であること、それを考えるといささか奇妙な感じに陥るのはぼくだけでないと信じたい。

ぼく自身もこれまで多くの日本のマスメディアとアフリカ現地にてかかわってきたが、昨今はいかなる取材要求に対しても慎重な対応を心掛けている。こちらが受け入れる条件は、ぼく自身の都合を十全に配慮することはいうまでもないが、真摯でこちらの意向や発信したいメッセージと合致するような内容である企画であること、そして番組作成までの編集時には最後までぼくにもかかわらせていただくということだ。編集時に必要なアフリカからの渡航費用や日本での滞在費を用意していただくこともちろんである。そうした条件ではじめて、翻訳だけでなく、事実関係に基づいた番組の監修に責任を持つことができる。

すでに述べたように、情報源の不明なネット情報のコピー・ペーストで企画書を作る、あるいは、事前調査不足でこれまでに通念や先入観のみで番組を作ろうとするマスメディアのあり方には、機会のあるごとに警告を発していきたい。また必要であれば、マスメディア業界にかかわる方々に確固たる情報提供を惜しまない分、こちらから取材や編集に向けて十全な指南を供与できればと思う。報道は事実関係に基づいた適切なものであってほしいからである。そして、マスメディアが大衆を一方的に操作すべきでなく、マスメディアは大衆の求める物を適確に判断しながら情報を提供していくように心がけてほしい。

アフリカは日本から遠い地であるゆえ、アフリカの野生生物の状況や先住民のあり方に関するさまざまな事実関係が、多くの日本人に知らされぬまま時が過ぎていく事態だけは免れたい。そのためにも、まずマスメディアは、ぜひとも、現場を知る「フィールド・ワーカー」に耳を傾けるべきである。

補遺

*ＷＣＳ（Wildlife Conservation Society）：ニューヨークに本部を置く国際野生生物保全ＮＧＯ。調査や包括的な保全活動、教育などを通じて、世界中の野生生物と野生の地を保全する。自然界に対する人間の考えを進展させ、野生生物と人間とが調和のなかで生きていけるための道標を示す（www.wcs.org）。

6 「沈む国」ツバルをめぐるフィールドワーカーとマスメディア

批判から協働に向けて

小林 誠
KOBAYASHI Makoto

2007年3月半ば、ツバルの首都フナフティ環礁は、日本から来たマスメディアで賑わっていた。政府職員や援助関係者、物好きな旅行者が時々この国を訪れるだけで、普段はツバルで日本人に会うことはほとんどない。しかし、この時期だけは別であった。この年は、日本のテレビ2社、新聞1社、そしてラジオ1社から派遣された取材班がフナフティ環礁に滞在していた。

日本のマスメディアが照準を合わせていたのは、1年で最も高い潮位を記録する2月から3月の大潮である。この時期の満潮時にフナフティ環礁で顕著にみられる「海面上昇の被害」を記録するべく、彼らは取材班を送り込んできたのである。取材班は、地面から海水が湧き出してくることで有名な集会所の前の広場や発電所前、滑走路脇、そして、侵食の被害によって倒れた海岸線のココヤシを撮影してまわりつつ、忙しい日程の合間を縫って、環境大臣、政府官僚、島の人びとへのインタビュー取材を抜かりなくこなしていった。そして、1週間も経たないうちに、足早に日本に帰っていった。

私はちょうどその時、離島での1年弱にわたるフィールドワークを終えて、首都フナフティ環礁に戻ってきていた。マスメディアの取材の現地コーディネートを一手に引き受けていた団体の代表と知り合いだったこともあり、ツバル語の通訳や現地情報の提供者として、マスメディアの現地取材に協力することになった。また、日本に帰国後も、数少ないツバルの専門家としてテレビの制作会社から連絡を受けて、取材テープの翻訳や現地情報の提供を行ってきた。ここでは、マスメディアのなかでも主にテレビのドキュメンタリー番組の制作に協力してきた私の経験に基づきながら、フィールドワーカーがマスメディアとどのようにかかわっていくべきかについて考えていきたい。

地球温暖化とツバル

ツバルは南太平洋の日付変更線のすぐ西、赤道のすぐ南あたりに位置し、地理的な区分からいうとポリネシアに属する。９つの環礁によって構成される国土の総面積は約26㎢、人口は約１万人と世界で最も小さな国の一つである。ツバルを構成する環礁は海抜が最大でも数ｍ、人びとが居住する場所はせいぜい海抜１ｍから２ｍ程度であり、地球温暖化に起

写真１　上空からみたフナフティ環礁
2008年筆者撮影.

図１　フナフティ環礁
黒は陸地，グレーはサンゴ礁.

写真 **2**　集会所前の海水の湧水
2009 年筆者撮影（以下の写真はすべてフナフティ環礁にて）.

因する海面上昇に対して最も脆弱な国の一つとして広く知られている。

ＩＰＣＣ（気候変動に関する政府間パネル）の第４次報告書によると、地球の平均海面水位は、１９６１年から２００３年にかけて年間１・８㎜の割合で上昇したという。この世

写真 **3**　滑走路脇からも海水が湧き出している
2009 年筆者撮影.

界的な動向と歩調を合わせるかのように、ツバル・フナフティ環礁（写真1）においても1951年から2001年にかけて年間2㎜の割合で上昇したという研究報告がある。

マスメディアは、すでにツバルで起きているとされるさまざまな被害について喧伝してきた。それによれば、海面の上昇にともない高潮が多発し、地中から海水が湧き出し始めたというのである（写真2、3）。高潮や海水の湧出は島の植生に悪影響を及ぼしており、とくに掘削田で育てるタロイモ（写真4）が塩害で枯れてしまい、また、海面の上昇にともない、海岸線の侵食が進み、多くのココヤシが倒れてしまったという（写真5）。こうした被害は、今後さらに深刻化すると予想され、将来的にツバルの人びとは自らの国を去らざるを得なくなるというのである。

写真4　海水が入り込むのを防ぐために囲われたタロイモ　2010年筆者撮影.

もっとも、こうした海面上昇の被害とされるものが、世界的な海面水位の上昇という要因だけではなく、フナフティ環礁のローカルな地形的・社会的背景にも起因していることが近年の研究によって明らかになってきた。第二次世界大戦中の1942年にフナフティ環礁を占拠した米軍は、日本軍に対する攻撃の拠点をつくるため、さまざまな軍事施設を建設した。この際に、滑走路をつくる必要上、かつて広範に存在していた湿地帯が埋め立てられた。現在、フナフティ環礁で起こっている地中からの海水の湧出は、かつて湿地であった場所や、掘削によって海抜が低くなった場所を中心におきていることがわかってきた。

写真 5　海岸侵食によって倒れるココヤシ　2009 年筆者撮影.

写真 6　たまり続けるゴミ
2010 年筆者撮影.

また、海面上昇に起因するといわれている侵食についても慎重な議論が求められている。フナフティ環礁では、侵食の被害がみられる場所がある一方で、砂が堆積して新たな土地が造成されている場所もあり、環礁全体の面積は変化していないと報告されている。

ただし、こうした研究は現在ツバルでおきている現象がすべて海面上昇を原因とすることを批判するものであり、今後おきる被害を否定しているわけでもない。ＩＰＣＣの第４次報告書の最悪のシナリオを辿った場合、今後１００年間でさらに59㎝海面水位が上昇すると予測されており、上述の影響や被害が顕在化もしくは深刻化することが懸念される。とくに、近年では、生活廃水やゴミ処分場（写真６）から染み出る汚染物質が海に流れ込むことでツバルの陸地を形成してきたサンゴや有孔虫の成育が悪化しており、海面の上昇に対する脆弱性が高まっていると考えられている。

マスメディアによる「沈む国」の物語化

２０００年代になると、日本のマスメディアは地球温暖化によって「沈む国」としてツバルを盛んに取り上げてきた。それにより、それまで一部の者を除いてほとんど知られていなかったツバルは、「沈む国」としてその名が多くの日本人に知られるところとなった。わざわざ、日本のマスメディアがツバルという国に注目したのには理由がある。環境問題への関心が高まるなかで、地球温暖化の被害が「実際に現れている」国として貴重な存在であったのである。そして、その被害の実態を記録するために、冒頭であげたように首都のフナフティ環礁に多くの取材班が詰めかけていたのである。

マスメディアは、確かに現在そこで起きている状況を記録し、海面上昇の被害を日本に伝えていった。しかし、それは生の情報を基にしたバイアスのかかっていない客観的判断というわけではない。そこで行われていたのは現地で切り取った素材の配列と物語化である。本シリーズの第２巻・第４巻の編者でもある社会人類学者・増田は、エチオピア南部バンナ民族社会でなされる成人儀礼に関するテレビ番組の制作に企画から編集まで参加し、取材した内容の再配列と、視聴者が共感しやすい家族愛や成長などといった物語としての演出がなされていたと論じている。

それでは、ツバルでの取材によって得られた素材はどのように配列され、どのような物語がつくられていったのだろうか。ドキュメンタリー番組に共通するのは、危機、恐怖、失われる楽園、不安などの言葉が頻出し、ツバルの悲劇を強調している点である。そして、地球温暖化の原因が先進国をはじめとする他国が排出した温室効果ガスに起因することが述べられ、ツバルは他国の活動による被害者であり、それに対してまったく無力であることが示されることで、その悲劇が高められている。

ツバルの悲劇は具体的には、①主食のタロイモが塩害でつくれなくなった、②

写真7　高くなる海面？
2009年筆者撮影.

他国へ移住せざるをえなくなったという二つの物語を伴うことが多い。まずは、タロイモの塩害についてみてみよう。

２００７年に放送されたＴＢＳの『夢の扉』の『ＴＵＶＡＬＵ』のことを世界中の人に伝えて行きたい」では、以下のように説明されている（以下、筆者による書き起こし）。

ナレーション：海面上昇はツバルの農作物にも深刻な被害をもたらしました。畑に海水が入り込み、主食であるタロイモとプラカの収穫がほんのわずかになってしまったのです。

村長シアオシ：海水で作物が死んでしまった。皆はもう作るのをやめてしまったよ。

ナレーション：自給自足で生きてきたツバルの人びとにとって、飲み水や作物の不安はまさに死活問題なのです。

また、同じく２００７年にＮＨＫＢＳ１で放送された『ＢＳドキュメンタリー』の「ツバルの選択　高まる移住熱」では、タロイモの塩害がツバル社会に与えた影響に関して以下のように説明されている。

ナレーション：ツバルの伝統的な生活は自給自足。といっても、最近は大きく崩れつつあります。首都フナフティにあるスーパーマーケットです。外国からの輸入品が並んでいます。塩害によるプラカイモの不作。かわりに米が輸入され、またたくまに貨幣経済が島を覆うようになりました。

他方、移住に関しては、２００６年に朝日放送が放送した「なにか変だぞ!? 地球～迫りくる温暖化の恐怖～」で、海面上昇の被害について紹介した後で以下のように説明されている。

ナレーション：何の関係もない南太平洋のツバルが沈もうとしています。ツバル政府はついに国民を移住させることを決めました。国を捨てる決意をしたのです。受け入れ先はニュージーランド。年間75名ずつ、ツバルを離れています。

ほかにも、前述のＮＨＫＢＳ1では以下のようなツバル人男性の語りによって、他国へ移住せざるを得なくなることが示唆される。

ツバル人男性：魚をとるのが大好きです。魚と海をみていると幸せな気分になるんだ。でも、もうここには住めないよ。海の底に沈んじゃうからね。

フィールドワーカーがみた「沈む国」

現地の情報を得る手段が限られていたこともあり、フィールドワーク前の私は、こうしたドキュメンタリー番組が多少の誇張はあったとしても多かれ少なかれ現実を切り取ったものであると考えていた。しかし、長期のフィールドワークをして帰国した後に改めてこうした映像を見直してみると、それがツバルの現実から乖離したものであると感じた。

まず、主食のタロイモの塩害から説明していこう。ツバルの伝統的な生業は、作物栽培、豚の飼育、漁撈などによって構成されている。栽培作物には、ココナツ、タロイモ、パンノミなどがあるが、主食と呼びうるのはココナツであって、タロイモではない。もちろん、タロイモも日常的に消費されているが、環礁の暮らしを支えてきたのはココナツであった。なお、海岸線に立地するココヤシの一部は海水を被って生育が悪くなっているものもあったが、それを除けばココヤシの塩害は観察できなかった。

また、地球温暖化の影響が現れる以前から、すでにツバルの人びとは、米、小麦粉、砂糖、冷凍肉、缶詰の魚、鶏卵などの輸入食品に頼る生活に移行しており（写真8）、とりわけタロイモの重要性は著しく低下している。この傾向は、日本から来たマスメディアのほぼすべてが取材を行っている首都のフナフティ環礁では顕著である。フナフティ環礁は、1970年代後半から始まる人口の流入によって、もはや伝統的な生業活動では人口を支えきれなくなって久しい。とくに人口の7割を占める離島出身者らはフナフティ環礁の土地を保有しておらず、特別な機会を除けばそこでとれたタロイモを口にすることはないうえに、若年者はそもそもタロイモがあまり好きではない。誤解を恐れずに言い切ってしまうと、都市化によって一部の者を除いてほとんど顧みられることがなくなったタロイモが、数年に一度、塩害を受けている状況を基に、マスメディアは海面上昇が主食のタロイモに甚大な被害を与え、生活を脅かしているという物語をつくりだしてきたのである。

では、他国への移住はどうであろうか。マスメディアは、ツバルの人びとが自給自足的な生活を送りながら、一生島を離れないで生きてきたかのように描写してきた。しかし、実際には彼らはすでに貨幣経済のなかで生きており、賃金労働を求めて島を離れた者も少なくない。出稼ぎの歴史は、イギリスによってツバル（当時はエリス諸島）が植民地化された20世紀初頭にはすでに始まっており、第二次世界大戦後である1950年代にはかなり一般的になっていた。当時の移住先にはバナバ島やランビ島というリン鉱石で有名な島か、植民地行政府が置かれていたギルバート諸島タラワ環礁などであった。リン鉱石の枯渇や植民地支配からの独立を経た現在、移住先はフィジーやニュージーランドへと変化しているものの、基本的に島外への移住はすでに何十年にもわたって続けられてきたことである。確かに、海面上昇の恐怖によって海外移住を考える者もいなくもないが、マスメディアは何十年にもわたって続けられてきた出稼ぎ移住を等閑視し、あたかも海面上昇の恐怖によって人びとは移住し始めたという物語をつくりだしていたのである。

写真 8　生活必需品が一通り揃うお店
島民の主食はタロイモではなくなっている.
2010 年筆者撮影.

写真 9　島の暮らしに欠かせないバイク
2010 年筆者撮影.

マスメディア、とくにテレビの番組制作は、取材に行く前にすでに自分たちがどのようなものを制作するのかについての青写真をつくっており、現地取材ではそれに当てはまる写真、映像、インタビューを取るべく動いている。これには、ツバルでの滞在時間が1週間もないことを考えると仕方のないことのようにも思える。さらに、制作者も一つの問題にずっとかかりきりというわけにはいかないため、事前準備に使える時間も限られており、帰国後も編集作業に追われてすぐに放送せざるをえない。こうした状況下において、現地で見聞きしたことを基に自分たちの問題意識そのものを自省的にとらえることは難しいだろう。そのため、現地で集めた素材がすべて地球温暖化というストーリーに流し込まれていき、必ずしも捏造ではないが、しかし現状からは乖離した物語をつくりだされてきた。

現地の人びとの立場

私は、マスメディアの取材者にとっては現地コーディネーターの一人であったといえよう。コーディネーターは大きく分けて、取材者の立場にたつ者と現地の人びとの立場に立つ者との二つにわかれるという。門田によれば、テレビの取材者にとっては、時に現地社会の文化・社会的な文脈を無視してでも、短時間で、企画通りの取材をするために働いてくれる取材者の立場に立つコーディネーターがありがたい存在であり、現地の人びとの立場に立つコーディネーターは取材の仕方をめぐってトラブルになるケースが多いという。

私は通訳と現地情報の提供を行っていただけなので、取材者とトラブルになることはなかったが、取材者より現地の人びとの立場に立とうとしていたため、折に触れてテレビの取材者に対して、もっと現状に即してツバルを描くべきではないかと主張してきた。先進国が排出した温室効果ガスの犠牲者となるという我々の罪悪感を掻き立てるような単純な物語ではツバルをとらえることはできない。ツバルの人びともまた、独自の伝統文化に基づく生活を送ってきたが、徐々に化石燃料に依存した生活にシフトしつつある。もちろん、両者の排出量には天と地ほどの差があり、その点ではツバルの人びとの責任を強調するのも間違いであるが、それでも彼らと私たちとは案外、同じ問題を共有しているのではないか。こうした点も積極的に取り上げるべきではないだろうかなどと提案したこともあった。

マスメディアがツバルと日本との差異を強調してきたのに対して、私は共通性を見出すことの重要性を訴えようとした。それは、未開社会を異質なものとして本質化して語ってきたことを自省的にとらえる人類学界の動向を私なりに受け止めた結果でもあった。しかし、こうした提案が賛同されることはなかった。わざわざツバルに行ってまで、私たちと同じでした、では何も意味がない。また、そのように複雑なことを伝えようとしても飽きっぽい視聴者は耳を貸さないだろう。多少、誇張したとしても、「沈む国」ツバルを救えというようなわかりやすいメッセージを伝える必要があるというのである。

さらに、事実とは異なる内容で悲劇を強調するのは問題があるのではないかという私の主張は、マスメディア関係者から以下のように批判されてきた。こうしたドキュメンタリー番組は、地球温暖化の防止を訴えるために制作されたものであり、ひいてはツバルの人びとの生活を守るために貢献しうるのである。その点からツバルを悲劇として描写することには大きな意義がある。確かに、ツバルの被害をめぐってさまざまなことが言われているが、だからといって現在、海面上昇の被害が全くおきていないわけでもなく、また将来的にそれが深刻化することも否定できない。そうであるならば、温室効果ガスの排出削減をすべきだというメッセージをいかに伝えていくかをこそ考えるべきではないのだろうか。それが、ツバルの人びとのためにもなるだろう。

マスメディア関係者からツバルの人びとのためであると反論をされた時、私は事実と異なるという主張を続けることが倫理的に正しいのかという問題に直面せざるをえなくなった。というのも、日本のマスメディアだけでなく、ツバル政府も同様のことを訴えてきたからであった。ツバル政府は、国連総会、気候変動枠組条約締約国会議をはじめとする国際会議、あるいは取材で訪れたマスメディアに対して、ツバルではすでに海面上昇の被害が現れており、将来的に自分たちは「環境難民」になってしまうと主張してきた。ツバル政府は日本をはじめとする先進国のマスメディアとともに、地球温暖化に沈む悲劇の国ツバルというイメージをつくりだしてきたのであり、それによって気候変動に対する実効的な対策を取るべきであるという機運を高めるのに貢献してきた。

こうした点を考えると、日本のマスメディアとツバル政府は温暖化防止というツバルを含む人類全体が直面する課題に対して共闘しているともとれる。さらにいうならば、当のツバルの人びともマスメディアによる悲劇の表象に時に積極的に協力してきた。彼らは、海面上昇の被害についての取材者の質問に対して、現地で起きている被害について雄弁に語ってきたのである。事実をもって日本のマスメディアを批判してきた私は果たしてどのような意味で現地の人びとの立場に立っているといえるのだろうか。

確かに、悲劇を前面に押し出したセンセーショナルな描写にはそれなりに意義がある。ツバルの悲劇に触れることで自分たちの暮らしを見直してみるのは悪いことではない。しかし、単純化した議論は、それに対する単純化した反論を招く。たとえば、いわゆる地球温暖化の懐疑論者の一人である武田邦彦は、マスメディアが問題を捏造しただけでツバルは沈んでいない、地盤沈下が起きているだけであると主張する。武田の議論には事実誤認が多分に含まれているが、これまでマスメディアが危うい議論をしてきたため、彼のいう「ツバルは沈むというのはウソだ」という批判に容易に足元をすくわれてしまっているようにみえる。

近年では、武田に代表される地球温暖化の懐疑論者による単純化された反論もまた一般化してきている。これでは、メッセージさえ正しければ、事実とは多少異なっていてもよいという論理は通用しない。また、単純でセンセーショナルな話は人口に膾炙《かいしゃ》するのも早いが、それが飽きられるのも早い。2011年の東日本大震災以降の日本において、地球温暖化をはじめとする地球規模の環境問題がマスメディアで取り上げられることがめっきり減っていることもあって、現在では、マスメディアでツバルが取り上げられることはほとんどなくなってしまった。

協働に向けて

環境問題を調査テーマとするフィールドワーカーはしばしばマスメディアと問題意識を共有し、マスメディアの活動とかかわりをもってくる。しかし、両者の情報の取り方、まとめ方、提示の仕方は著しく異なる。マスメディアの現地取材が比較的短時間であるのに対し、フィールドワーカーは現地で問題にじっくりと取り組むだけの時間があることが多い。マスメディアの視聴者や読者はフィールドワーカーのそれよりも圧倒的に多く、直接的に人びとに訴えかけることが可能であるのに対して、フィールドワーカーが持つオーディエンスは専門家に限られることが多い。マスメディアの持つ速報性、広範な影響力、問題提起能力はフィールドワーカーが持ちえないものである。他方、フィールドワーカーは、豊富な現地経験を基に問題を掘り下げて考えることができるだろう。

こうした差異は両者の意見の齟齬の原因となるものであるが、うまく対話を図ることができれば、お互いを補完する役割を果たすことも可能であろう。フィールドワーカーである私にとって、単にマスメディアを批判するだけでなく、いかに彼らと協働していくのかが問われている。そのためには自らの長所を誇示して、相手の短所を批判するだけでなく、自らの短所を認め、相手の長所を評価することが肝要であろう。フィールドワーカーが問題の複雑さを明らかにすることに長けているとするならば、マスメディアは問題をわかりやすく伝えることに長けているといえよう。わかりやすく伝えようとすることはいいことであるが、単純化しすぎると弊害が大きくなる。そうであるならば、マスメディアは単純化してわかりやすく伝えるのではなく、問題の複雑さをこそわかりやすく伝える必要があるだろう。それによって、視聴者には少しの辛抱が求められるが、見応えや深みが増し、より魅力的な番組になるはずである。

そこにこそ、現地社会の複雑な現実を知っているフィールドワーカーと協働できるスペースがある。自戒を込めて書くならば、フィールドワーカーはテレビ番組の単純さを否定し、現地社会の複雑さを指摘するだけ満足していないだろうか。そうではなく、テレビのわかりやすさを評価し、そしてそこに複雑さという魅力を付け加えるような積極的な提言ができるようにならなければならない。フィールドワーカーが必ずしもマスメディアに必要とされるわけではないが、もしそうした機会があるならば、批判を超えた協働をこそ目指すべきであろう。両者がうまく協働することで、広く国民的な関心を呼ぶメッセージを発信しながらも、議論を深化させていくことが可能になるかもしれない。

地球温暖化やツバルをめぐる問題が注目されなくなったからといって、問題それ自体がなくなってしまったわけではない。そして、それはツバルをめぐる報道が一段落ついた現在でこそ、腰を据えて論じることができるものであると考える。私たちがツバルから学ぶべきことはまだまだあるはずだ。

参照文献
・増田　研（２００５）ある成人儀礼のドラマ化──「現地の案内人」から「表象の橋渡し」へ、飯田 卓・原 知章編『電子メディアを飼いならす──異文化を橋渡すフィールド研究の視座』せりか書房、pp. 32-53.
・門田　修（２００５）テレビ・ドキュメンタリーの制作現場から、飯田 卓・原 知章編『電子メディアを飼いならす──異文化を橋渡すフィールド研究の視座』せりか書房、pp. 78-87.

写真 10　ツバルの国土
横からみると，海抜の低さがわかる．2009 年筆者撮影．

7 生命科学のラボでフィールドワークする

新聞記者と人類学者のあぃだの経験

鈴木和歌奈
SUZUKI Wakana

注目の高いラボでのフィールドワーク

ピペット、試薬、培養液、ＤＮＡ解析装置などが並ぶ生命科学の実験室（ラボ）が私のフィールドだ。このラボでは、科学者や医師などが、iPS細胞などの幹細胞を用いて、ディッシュの上で組織を作り出し、実験動物や患者へ移植するという「再生医療」の技術開発を行っている。私は、文化人類学と学際領域である科学技術社会論（Science and Technology Studies：通称ＳＴＳ）を学びながら、この再生医療プロジェクトに出入りし、科学者の行う実験やミーティングなどを観察したり、政策関係者や倫理学者などにもインタビューを行ったりしている。私の調査の関心は、いかに科学者たちが、実験器具や装置、実験動物や細胞などの生物、ラボや規制などの社会制度などを組織し、新しい医療技術や科学知識を生み出すのかを詳細に描き出すことにある。

このような科学技術を調査対象とした文化人類学は、日本ではまだ珍しい。多くの文化人類学者は、アフリカやアジアなどの村や特定のコミュニティで調査をすることが多く、とりわけ医学系の実験室での調査は前例がない。そのため、プロジェクトリーダーとの調査の交渉から、情報公開の範囲についての倫理的配慮など、ほぼ手探り状態で調査を行って来た。

幹細胞研究は競争が激しい。さらにこのプロジェクトは、実用化を目指しており、特許や秘密事項が多い。そのため私は、フィールドワーカーとして情報の取り扱いには細心の注意を払う必要がある。そのうえ、このラボがきわめて高い社会的関心を集めていることも、私の調査を複雑にしている。私が調査を始めたころ、ちょうどiPS細胞を使った再生医療が現実味を帯びてきたため、ラボの動向を記事にしようと、マスメディアからの取材依頼が殺到していた。ネタを競い合う報道合戦になることもしばしばある。私はラボの内部にいるため、報道発表前の情報も知ることになるが、うっかり発表や原稿で公表しないよう気を配らなければならない。一方で、ラボを率いるプロジェクトリーダーの村上陽子氏（匿名）は、先端医療技術のイノベーションを象徴した女性科学者として、何度もテレビや新聞に取り上げられている。時間があれば本人も積極的に取材に応じている。そのため、マスメディアの動向に気を配りながら、公表事項と秘密事項の間でフィールドワークを行うことになった。

このように私のフィールドでは、記者も文化人類学者である私も同じラボに注目し、同じような手法（インタビューや観察）で記事なり、論文なりを書いて発表する、という奇妙なことが起こっている。ではいったい、マスメディアと人類学的研究は、何を共有していて、何が違うのであろうか。人類学的研究とマスメディアとの関係はしばしば私を悩ませた。

この悩みは、私が社会的注目度の高いラボに出入りしているからだけではない。私自身が3年間、学部卒業後に新聞記者として働いた経験があったことも多いに関係している。調査開始直後は、博士課程で文化人類学を学び始めて間もない時期で、参与観察とは何なのか、どんなデータをとればいいのかもよくわかっていなかった。また、記者時代に身についた取材方法の癖、考え方の癖のようなものがあり、会見でしつこく質問する記者を横目に、自分は文化人類学者というより記者に近いのかもしれないと思うこともあった。

ここで、なぜ私が記者を辞めて、わざわざ人類学者としてラボにアプローチしているのか、と疑問に思う読者は多いだろう。正直いうと、私は、新聞記者の仕事がどうしても肌に合わなかった。たとえば、事件を取材する前には「加害者は悪、被害者は善」といったストーリーが予め決まっており、原稿も短いので、そこから逸脱して現実の複雑な事情を伝えることは難しい。取材をすればするほど、そのお決まりのストーリーとはズレが生じてくる。それを解消しようと新しい着目点から記事を書こうとすると、すぐさまデスクに怒鳴られる。旧態依然とした組織のなかで、私の悪あがきはことごとく失敗に終わった。

新聞記事のなかの科学技術も、すでに予めストーリーが決まっている。記者時代、上司からは、ある科学技術の成果があったら、ともかく「何の役に立つのか」を強調しろと教えられた。具体的な科学の詳細は、「読者が理解できないから書かなくていい」。新聞では「病気が治せる」や「新しいエネルギーを生み出せる」などの「わかりやすい」情報が必要だということを私は叩き込まれた。

しかし、このような単純なストーリーからは、見えないことがたくさんある。輝かしい研究成果の背後にある失敗の数々、研究所の組織、政策との関係が科学へ及ぼす影響、科学者を支える秘書や技術者の仕事、実験に使われる実験動物やバクテリアなどの生物の存在。いったん、ラボに足を踏み入れると、「科学」という営みは、さまざまなものが絡み合っていることがわかる。

現代社会において、いったい「科学」とはなんなのか。もしかしたら、フィールドワークというアプローチから、複雑に絡まり合ったものを丹念に解いてラボを取り巻く現実を厚く記述し、マスメディアとは違う視点が提供できるのではないか。このような文化人類学への期待と、ラボで何が起こっているか見てみたいという好奇心でラボの扉を叩いた。

フィールドワークでは、研究員や実験補助員の行う実験や手術を見学したり、進捗を発表するプログレスやラボの個別のミーティングに参加したり、ときにはラボの人と飲みながら話をして、彼らの考え方やラボの日常を理解しようとしている。

とは言え、人類学者という部外者が、科学者や医師の多いラボで調査するというのは一筋縄ではいかない。同じ研究者と言っても、社会科学と生命科学では、考え方、調査法、論文の書き方などがまったく異なっている。インタビューを依頼すると、ごくたまに、特ダネをほしがっている記者やフリーライターに間違えられることもある。そのようなズレをなるべく調整しながら、ラボメンバーや関係者といかに信頼関係を築き、フィールドワークをするのかが私にとっての大きな課題となった。

本章では、私が直面した2つのズレ、つまりマスメディアの言説とラボの実践のズレ、そして、生命科学と社会科学のズレをいかに解消しながら私がフィールドワークを行っているかについて考えてみたい。断っておくと、この原稿を初めに書いた時期から、つまり再生医療やラボを取り巻く環境、そして私の立場はかなり変化している。この原稿は私がフィールドワークを開始して間もない時期（２０１２年から２０１３年ごろ）に書いた原稿だが、いま現在（２０１６年）、私は調査に一区切りつけまとめの博士論文を執筆しており、ラボの状況も変わっている。さらに、生命科学研究の倫理問題が問われた**STAP**細胞の事件もまだ起きていなかった。**STAP**細胞の一連の出来事は、研究所やラボの状況を大きく変えたが、それについては別の機会に論じたいと思う。

まず、次節では、私の通っているラボがどのようなフィールドなのかを概観し、調査における戸惑いや奮闘を描く。次の節では、マスメディアとの相互理解を進めるためのラボの取り組みについて論じる。最後に、ラボでフィールドワークすることの限界と可能性について述べたい。

ラボとフィールドワーカー

私が調査をしている場所は、関西地区にある生命科学系の研究所だ。世界的に著名な研究所で、毎年「Nature」や「Science」といったサイエンスのメジャー誌に研究成果が報告されている。「優秀な若手科学者にラボを持たせて自由に研究してもらい、世界で羽ばたいてもらおう」というのが研究所の主旨で、ほとんどのラボリーダーと研究員に5年もしくは10年の任期がある。そのため、評価が厳しく、人の出入りが激しい。そのかわりに大学に比べて、研究設備や研究費、事務のサポートなどが手厚く、研究に没頭できる環境だ。

私はこの研究所のなかで、女性医学者の村上氏が率いるプロジェクト制のラボに焦点をあて、生命科学の基礎研究が医療応用や産業化されるプロセスについて調査している。ラボには、医学研究者、生物学系の研究者、実験補助員、博士課程の学生などが50人以上在籍し、遺伝子の解析、幹細胞を用いた再生医療、免疫や発生などの研究を行っている。同じ研究所内のほとんどのラボでは、基礎研究に徹しており、数人しかメンバーがいないが、村上氏のラボはメンバーが多様でラボの規模が大きい。また、基礎研究も行いつつ、基礎研究を医療や産業に結びつけることを主眼とし、「橋渡し研究」を行っている点でも特殊なラボである。

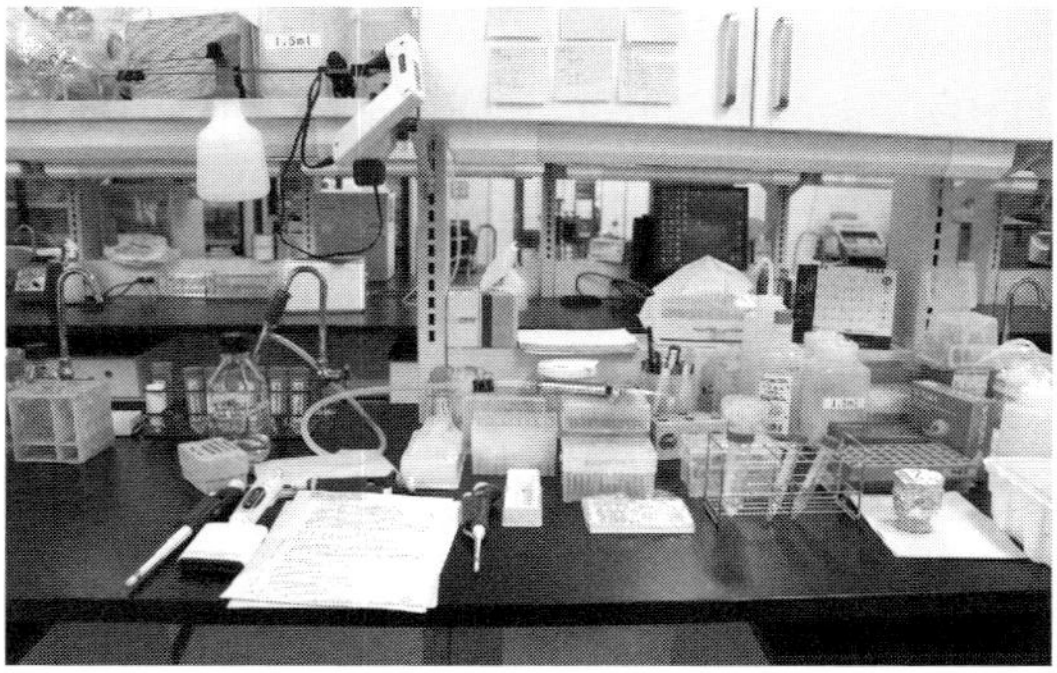
写真 1　ベンチ（実験台）の様子

私は、ラボでコソコソと調査しているというよりは、一応ラボ公認の人類学の学生として扱われている。村上氏は、ラボを見学したいという医学部の学生をときどき受け入れているが、そのとき「うちのラボには文化人類学の学生さんもいるのよ。それが鈴木さん。東南アジアの森林で霊長類学者がオランウータンの生態を調査するように、このラボでの私たち研究者の生態を調査しているのよ、ね？つまり、私たちはオランウータンってわけ！」と私を紹介する。医学部生は「え？ジンルイガクシャ？」とキョトンとした顔をするが、「概念」や「質的調査」などと込み入ったことを言わなくても、この説明でひとまず私が何をしているかわかってくれるようだ。

そう、まさに私は、村上氏がいうようにラボメンバーの生態を観察している。とくに、科学者や実験補助員たちの日常、つまり知識や技術を生み出す活動を理解しようとしている。ここでいう知識や技術とは、科学ジャーナルへ投稿するためのデータやハードな科学知識に留まらず、細胞の培養方法の改善やコツなどといったソフトな知識も含んでいる。そして、理解を深めるためにプロジェクトの動向、ラボの歴史や文脈、ラボを取り巻く制度や組織なども調べている。

私は、2012年の夏から週2～3回、継続的にラボに通うようになった。一般に科学の研究所は、科学データの保護、劇物の管理、感染症などの防止のためにセキュリティが厳しく、人の出入りが管理されている。そのため、ラボはふらっと立ち入れるような場所ではなく、長期のフィールドワークをするには村上氏に許可を得る必要があった。これがまずラボ研究の第一関門となった。

私は、修士課程のときからラボで調査を行いたいと考えており、調査先を探していた。iPS細胞を扱っているラボはいくつかあったが、村上氏のプロジェクトは、iPS細胞の技術を実用化しようとしており、政策、企業、患者との連携にも力をいれていた。このラボを通じて社会のなかで発展する科学が描けるかもしれないという希望を抱いた私は、博士1年目のときに知り合いを通じて、村上氏と直接面談する機会を与えてもらった。緊張しながらも、ラボの活動に興味があり、先端医療技術がラボ中だけではなく、行政、病院、マスメディアなど多様な関係性のなかで発展すること、そのようなダイナミズムを人類学的研究として調査させてほしい、とお願いした。じつは、文化人類学の先生から何度も「再生医療のラボで調査するなんて野心的すぎる。まあ、無理でしょう」と言われていたため、ダメもとで望んだ面談だった。

しかし、予想外に村上氏は二つ返事で「来たらいいわよ」と調査を歓迎してくれた。村上氏は、「研究だけやればいい」というタイプの研究者ではなく、行政との関係作り、マスメディアの取材対応、病院との調整、患者団体とのやり取りなどをこなし、多様な関係者に気配りをしてプロジェクトを進めようとしていた。私の研究テーマに対し、村上氏は、「これまで日本では優れた基礎研究の成果を発表してきたけれども、これから、産業化や医療応用を目指すには、アカデミアだけでなく患者、行政、マスメディアなどの理解が必要だと思っています。制度や枠組みも変えていかないといけない。そういう意味で、私たちがやろうとしていることは『社会実験』のようなもの。だから、そういう『社会実験』を人類学者が記述するのは面白いんじゃないの」と、断るどころか私の研究を励ましてくれた。そのため私は、村上と面談したその日に承諾をえることができ、調査先のラボを見つけるという科学技術の人類学の第一ハードルを越えることができた。その日は、浮かれて駅の花屋で花を買って帰った。

しかし、調査を開始してみると、さまざまなところで人類学者の「不思議な存在」が浮かび上がることとなり、大なり小なり混乱を招いた。アメリカやヨーロッパでは、すでに何人かの人類学者が神経生理学、海洋生物学、タンパク質結晶学、遺伝学、動物行動学などのラボで調査をしており、そのうちのいくつかの成果は科学者にも読まれている。そのため、欧米の多くの科学者は科学技術の人類学的研究について知っている。しかし、日本でラボを調査対象にするフィールドワーカーはまだまだ少ないので、「文系の学生が、なんでラボにいるの?」と驚かれることが多い。

私が調査をしているラボには、医学、理学、薬学など自然科学の教育を受けて来た人が多いため、数値で表せない現象を参与観察やインタビューなどの結果をまとめて論文を書くというとまず驚かれる。また、文化人類学では、最初から手法やストーリーがあるわけでなく、ラボや研究所の活動や組織を理解し、データをとるプロセスのなかで、理論や論文のストーリーを練っていく。さらに先行研究やデータ同士を比較しながら、多様な視点と多様な解釈から自分なりのストーリーを導く。これは、まず仮説を設定して、それを観察や実験で検証する生命科学の研究とは大きく異なる。そのため、ラボの活動に関心をもっていることはなんとか伝えることができるが、具体的な論文の方向性や仮説を聞かれても、うまく答えることができなかった。納得してもらえる回答を考えてみたもののなかなか伝わらず、悶々とした日々が続いた。このように最初は、私自身も手探りだったが、ラボメンバーもまた「よくわからない文系の子がラボにやってきた」と混乱していた。

さらにラボメンバーにとって私が何者かということは、彼らが私にどこまで調査を許すのかという情報管理の問題にも直結している。研究所やラボは、「iPS細胞を使った臨床研究」でマスメディアの注目を集め、一時期報道合戦に発展したこともある。ちょうど私が調査を始めた頃、ラボや研究所は、記者会見の日程やプロジェクトの進捗状況、今後の予定など、外に出す情報を管理しようとしていた。また、ラボは、企業やベンチャーとも共同開発をしており、実験室で生産される新しい科学的データが特許になる可能性を含んでいる。万が一、それが公開されてしまえば、特許がとれず大きな損害となる。秘密のプロトコルや情報についてはラボのなかでも、限られた研究者や実験補助員にしか伝えられない。

このような状況であったため、調査の開始にあたって、私はラボの知財管理などを担当していた弁理士を通して秘密保持契約を結ぶこととなった。しかし、契約はあくまで書面上の手続きであり、ラボメンバーは、「よくわからない文系の学生」をどう扱うか、かなり困惑していた。気軽に質問したつもりが、「うーん、これ、鈴木さんに言っていいことなのかな。ちょっと待ってね」と渋られたこともある。また、言いたいことを社会学や人類学の言葉で研究を説明しようとしてしまい、「うーん、なんかわかんないなぁ。難しいことやってるねぇ」と言われることも多かった。

しかし、医学や発生学の教科書などで組織や細胞の構造を勉強し、科学論文を読むことで少しずつ専門用語や実験の考え方に慣れていった。また、ラボの人たちと一緒に昼ご飯を食べたり趣味の話をしたり、同じ時間や空間を過ごすことで、メンバーの使う言葉使いや考え方に慣れ、科学教育を受けた人の志向性や文化、ラボの置かれている状況、ラボの共通認識、それぞれのメンバーの個性が見えるようになってきた。

しだいに研究を進めて行くと知りたいことが明確になり、それについてラボメンバーに具体的に質問することができるようになった。さらには、私自身がまとめた調査結果や論文を見せるようになった。たとえば、「ケア」の視点から、iPS細胞を長期間培養する実験補助員の仕事が、一見単純作業にも見えるが、いかに長期的な経験の蓄積、身体技能、暗黙知などを必要とする特殊な仕事なのかを発表したことがある。発表内容を実験補助員の何人かに見せると、培養している彼女たち自身が抱えている問題、「生き物相手なので、ついつい仕事が長時間になってしまう」ことや、「職人的な経験値や感がものをいうので、いかに教育が難しいか」に繋がっていた。

写真 **2**　記者会見の様子

こうしたやり取りが一つのきっかけで、私の関心と彼女たちの関心が結びつけられるようになり、私は彼女たちの仕事をより深く理解することにつながっていった。

こうして私のフィールドワークは、「何を知りたいかもわからない」状態から、研究者や実験補助員の状況や知識のあり方、文脈、考え方、実践を人類学的に理解し、その成果を還元し、対話していくプロセスに変化していった。これは、予め決まったストーリーにあてはまる事実を探すという記者のスタイルとは異なる。新しい視点や思いがけないストーリーを見つけるには、フィールドでのさまざまな「遭遇（出会い）」に対して敏感になり、ときに関係を変化させ、また自分も変わっていく必要がある。ラボを知り余裕がでてきたころから、私はこのような「実験的な」フィールドワークを意識的に行うようになった。振り返れば、この「遭遇」と「実験」は、私は記者から文化人類学者へと変容するための第一歩だったのかもしれない。

ラボとマスメディア

私はラボに通うなかで、実験室や培養室だけではなく、研究所の記者会見や、ラボと研究所スタッフによるマスメディアの対策会議などにも出席させてもらうようになった。また、村上氏が記者から一対一のインタビューを受ける際には、同席させてもらったこともある。

私にとって興味深いことは、ラボは、マスメディアに一方的に書

写真3　試薬やサンプルなどが並ぶ実験室の様子

かれたり、表象されているだけではなく、間違った記載があれば電話をかけて理解を求めたり、記者への勉強会を開いたり、さまざまに働きかけてマスメディアとの関係を調整していることだ。このようなマスメディアとラボの相互作用は、科学と社会のダイナミズムを理解するうえで重要である。

ラボと村上氏が注目されるようになったのは、ここ数年である。村上氏は、１９９０年半ばから神経幹細胞に興味を持ち、神経系疾患の治療を目指してきた。２０００年前半からはES（胚性幹）細胞やiPS細胞を用いた研究に取り組むようになる。幹細胞体細胞に誘導する技術は画期的であったため、年に2～3度、新聞に取り上げられることはあったが、急に記事数が増えたのは、２００８年ごろである。iPS細胞を用いた臨床研究が現実味を帯びてきたと認識されてきたためだ。さらに、２０１２年に京都大学の山中伸弥教授がiPS細胞でノーベル賞を受賞するとさらに拍車がかかった。プロジェクトの進捗もさることながら、プロジェクトを率いる「女性リーダー」として、村上氏自身が注目されている。

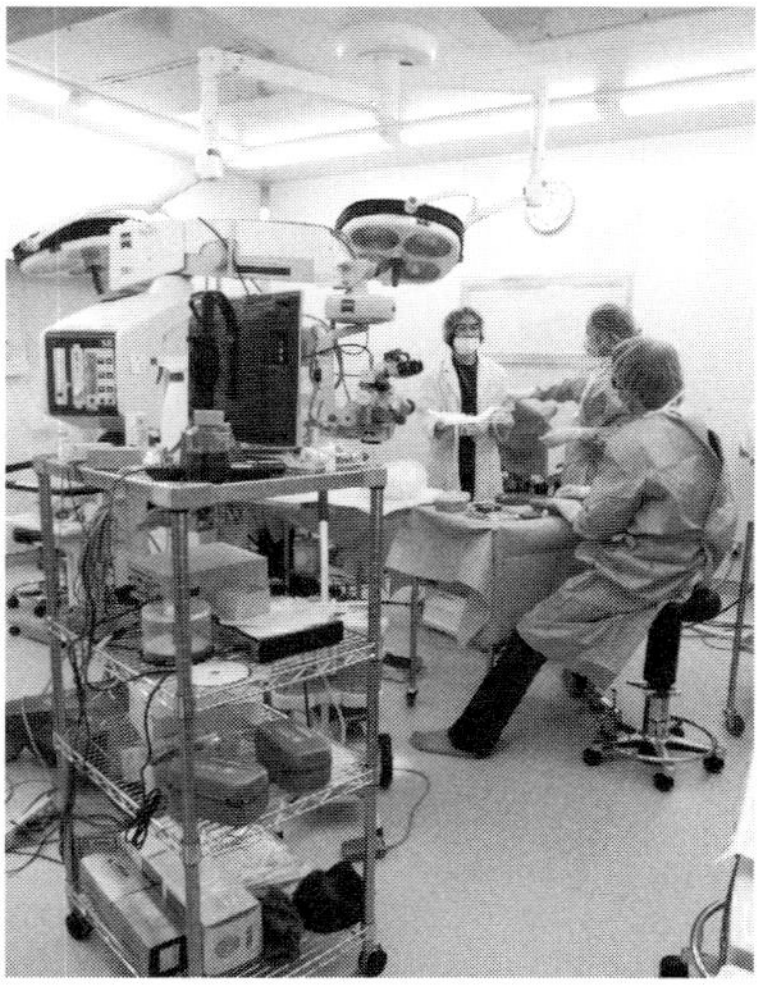

写真 **4**　実験の準備を始める科学者たち

プロジェクトや村上氏が注目されると、研究所やラボにマスメディアだけではなく患者や患者家族からの問い合わせが相次いだ。また、移植すればすぐに効果が出て、見えない目が見えるようになると受け止める患者も少なからずいた。村上氏が関西地方で行っている週2回の診察には予約が殺到し、村上氏が研究の現状を伝えると涙を流して帰る患者もいたという。

ラボでは、こうした膨らみすぎた期待を問題視し、これに対処するためさまざまな取り組みを行ってきた。秘書の一人は、社会福祉士の資格をとり、1～2カ月に1度患者同士が自由に悩みを共有し情報交換をする会を主催している。また、村上氏は、マスメディアの取材があればなるべく応じ、記者に対する勉強会を3～4カ月に一回開くというような活動も行っていた。こうして、記者が書きたがっている内容と、村上氏が書いてもらいたいこととのズレを調整してきた。また、自ら出向いて講演会も行い、直接研究の進捗や研究への思いを訴えている。医師や研究者向けの講演会のみならず、企業、政治家、患者、一般、高校生などに対しても依頼を受ければできるだけ応じ、全国津々浦々飛び回っている。

マスメディアの切り口はある程度決まっているが、時々に応じて空気感や加熱度などが異なる。加熱しはじめるときもあれば、静かなときもある。そうした空気感は少なからずラボの雰囲気やプロジェクトの進捗にも影響を及ぼす。こうした期待と失望の間で揺れ動く科学技術のダイナミクスも、村上氏のいう『社会実験』の一部であり、私の調査の一部でもある。

フィールドワーカーの限界と可能性

私の博士課程の研究は、そもそも科学、医療、橋渡し研究という営みがどういうものなのか、ということを村上ラボの事例を通じて、丹念に描くことである。ラボや研究所の広報係としてではなく、あくまで人類学の研究として調査を行い、論文を書き発表する。それは、文脈や状況に位置づけて厚い記述をし、文化人類学やS

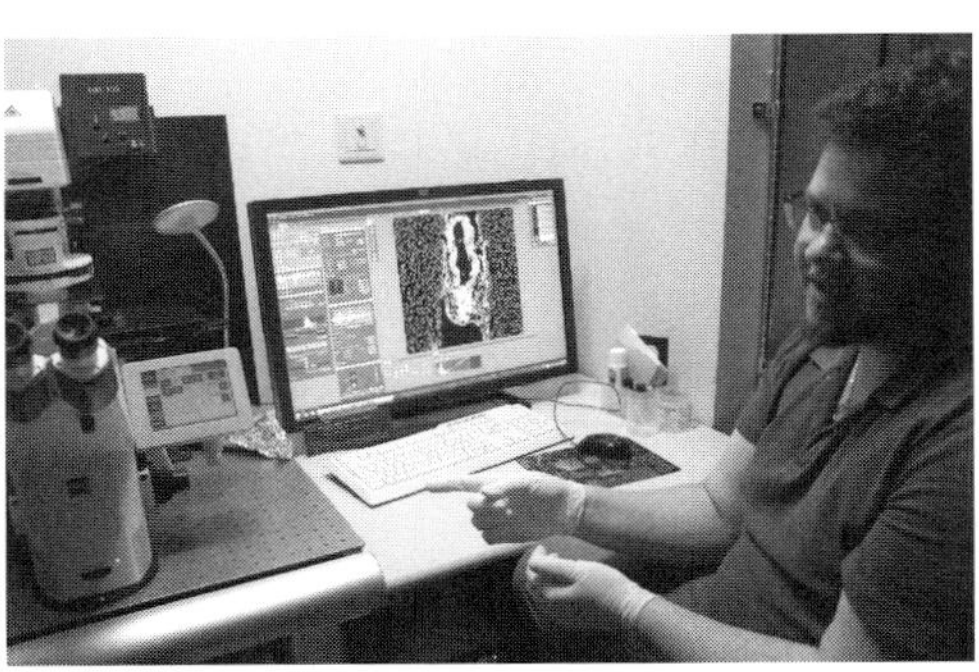

写真5　染色した画像データを確認するラボメンバー

TSの見知から現場の人が気づかなかった視点を提供することに他ならない。

この研究目的や人類学的手法は、そもそもマスメディアの枠組みや書き方とは大きく異なったものである。だから、私にはあえてマスメディアに対抗しようとか、批判しようという意気込みはない。むしろ、マスメディアを辞めた身としては、マスメディアにはあまりかかわらないようにしたかった。しかし、マスメディアの注目が高いラボでフィールドワークを行うこととなり、調査では、マスメディアの表象、動き、影響を取り込んだ形でラボを理解するという戦略をとることになった。

これまで書いて来た文章を振り返ると、フィールドワークの前例がないような場所でもなんとか調査をやっているように見えるが、ときに限界も感じる。私がいくら頑張ったとしても、ラボのすべてを記録したり、把握したりすることは不可能である。50人以上が活動しているラボでは、毎日新しいことが起こり、どんどんプロジェクトが進んでいる。いつの間にか新しいメンバーが着任していることも少なくない。また専門家の活動を調査しているので、何年もかけて彼らが身につけた知識や技術を私が完全に把握することは不可能だ。加えて再生医療は、一つの分野ではなく、発生学、医学、細胞工学などさまざまな知識が総合されている。調査で見ているものよりも、見落としてしまったものの方が多いと思い知らされ、いつもがっかりする。

もちろん、フィールドワークのデータとして多くのことを記録しておきたい。しかし、私がフィールドワークを行う際に重要なことは、客観的にすべてを記録することではなく、ラボの人びとを理解するための多くの結び目を作っていくことではないかと思う。「関心を結びつける」というのは、科学技術の人類学者ブルーノ・ラトゥールの有名な概念でもある。「事実」を突きつけるのではなく、異なる立場や関心を持つ人びとの間に、共通の関心事項を作り出すことであり、実際、世の中の多くの人が行っていることだ。ラボメンバーがマスメディアに働きかけていることも「関心を結びつける」

ことの一つの例でもある。

振り返れば、私もラボの調査をお願いしたとき、細胞培養をしている実験補助員を理解しようとしたとき、私は村上氏やラボメンバーたちの関心と自分の関心を結びつけ、ひとつひとつ結び目を作ってきた。マスメディアで働いていたころと異なるのは、人類学者は対話によって関心や結びつきをいくらでも作り出せるということだ。新聞記者の仕事は、あらかじめ決まったストーリーに合う事柄をカギ括弧付きの「事実」として抽出することだった。しかし、人類学者は、相手の関心や実践から出発していく。人類学者自身の存在、そして調査のやり方、伝え方、民俗誌の記述自体が関心を結びつけ、新しい理解の視点や記述の可能性を開いていく。その作業は、暗中模索で試行錯誤だが大変面白い。

ある日、アフリカ研究者の先生に「科学者は人類学者と考え方が全然違うから、科学者はまさに『他者』でしょう。だから、アフリカや南米の村で調査するよりもずっと難しいかもしれない」と言われたことがある。確かに、日本でラボ研究をやっている人が少ないので、前例がないという意味で難しい。それでも、ラボという異世界に飛び込んでしまった身としては、なんとかかんとか科学者と人類学者の結びつきをつくっていく作業を続けたいと思っている。この原稿を読んで、一人でも多くの方が、「科学技術の人類学って面白そうだな」と思っていただければ、幸いだ。それはまさに、新たな関心の結びつきが一つ生まれたということになるのだから。

写真6　発表された論文について議論する抄読会の様子

Part III

誰のために、何をつくり、どう発信するか

フィールド（調査地／対象地）についての情報発信のあり方を、マスメディアと研究者のそれぞれの立場から考える。満蒙開拓団をテーマにしたＴＶ番組制作にあたり、資金や放送業界特有の制約があるなかでのフィールドワークの過程、またマスメディア側から研究者への提言（後藤）。人びとの暮らしの場が突然に「世界遺産」となったモンゴルで、研究と人びとをむすぶ住民参加型の文化遺産保存活用の試み、人びとと調査・展示をつくり博物館から発信する試み（山口・清水）。開発一直線のアフリカの国々では、自らの歴史への関心、変化の記録についての関心は薄い。変化の渦中にあるケニアにおける人びとの暮らし、歴史についてのフィールドワークの成果を、研究者自らの時系列的な変化の視覚化、デジタルアーカイブ化するためのメディア開発の試みについて紹介する（野口）。

8 ドキュメンタリー「満蒙開拓団～ある家族の軌跡～」をつくるまで

後藤 和子
GOTO Kazuko

ドキュメンタリーの現場から

私はこれまでTVドキュメンタリーのディレクターとして、数々の社会問題を取り上げる番組を作ってきた。移民問題で揺れるヨーロッパ、40年間水俣病に翻弄されたある家族の苦悩、あるいは南米アルゼンチンで行われていた労働者による富の再分配の取り組み——など。世界各国のさまざまな現場に立って、調査や取材を行ってきたが、それを「フィールドワーク」と呼べるのか、正直、測りかねるところがある。人類学などの分野で行われているフィールドワークとどの程度共通点があり、また、決定的に異なるのはどこなのか。

そこで、私が番組でどのような取材をしているのかを、ある一つの番組を取り上げて、具体的に説明させていただこう。そのなかから、TVドキュメンタリーというちょっと特殊な「フィールドワーク」と研究者のそれとの共通項、あるいは異なる点が見えてくると思う。ここでは少し古い事例になるが、2006年に制作プロダクション、㈱パオネットワークで制作し、NHKで放送された「満蒙開拓団～ある家族の軌跡」について記したいと思う。

フィールドとの出会い・ある裁判

私はある裁判を傍聴したことをきっかけに満蒙開拓団の番組を作ろうと思いたった。満蒙開拓団とは満州、現在の中国の東北地方、吉林省とか黒竜江省があるあたりに集団で入植した人びとのことだ。その満州は、昭和7（1932）年から終戦まで、日本の傀儡国家によって治められていた。満蒙開拓団はその間、200戸から300戸を集めて開拓団を作り、独立した村の形態で満州に移住し、開拓村として満州の地で農業を行っていた。この満蒙開拓団の人数は終戦時推定27万人、しかし、そのうち8万人が敗戦で死亡したとされる。その多くは1945年8月9日、急に侵攻したソビエト軍の犠牲になったのだ。この開拓団で移民した人びとの子どもたちがいわゆる「中国残留孤児」として、敗戦で中国の大地に取り残された。

この孤児の人びとは1981年に日本政府が本格的に帰国事業に取り組むまで、長い間中国にとり残されていた。順次帰国した彼らは、しかし2002年以降、全国15の都道府県で国を相手取り、裁判を起こした。原告となったのは、中国残留孤児およそ2500人のうち7割にも及んだ。提訴以降、私はこの国家賠償訴訟の行方が気になって、番組化のタイミングを計っていた。2005年夏には全国15の集団訴訟の最初の判決が、大阪で出る予定であった。そうなれば多くの人びとの耳目を集める。今なら番組化できるかもしれない。私は2005年6月1日、東京地裁で行われた第14回口頭弁論を傍聴に行った。

何故、孤児たちは裁判に立ち上がったのか。そこに至る心情はどのようなものなのか。原告が裁判で求めていたのは自分たちを見捨てた国の謝罪と、生活保護費ではない年金制度のようなものを作ってほしいということだった。裁判を聞いていて最初に興味を持ったのは、国を訴える中国残留孤児の人たちのおかれた現状、いったいどんな生活をしているのか、ということだった。そこで、取材を始めることにした。

取材の始め方

裁判傍聴後、私は原告弁護団に接触、取材を申し込んだ。原告の訴状を読み、弁護士に裁判の争点などを聞いた。弁護団は裁判を闘うために、周到に準備をしている。彼らは、何が問題か、歴史的な背景、どんな資料があるか、孤児たちの連絡先など、さまざまな情報を持っている。もちろん個人情報など、簡単に教えてもらえないことも多いが、どの人にあたればいいかなど、ヒントを与えてくれる。

その後、私は原告団の集まりに顔を出したり、個別に残留孤児の人たちが多く住んでいる千葉や埼玉、神奈川などの県営団地を訪ね、話を聞き、生活実態を見てまわることにした。こうした場合、いきなり一軒一軒まわると、取材の収穫は少なくなる。「何故、ほかの人でなく、私に話を聞くのか？」と警戒心を誘うためだ。

そこで、原告団の集まりなどで誰かに窓口になってもらい、その人が住む県営団地の残留孤児仲間を集めてもらうことにした。場所は、集会所や、窓口になってくれた人の部屋を借用させていただき、集まってもらう人数は4～5人がベストだ。打ち解けて話がしやすい人数だからである。誰か一人が

写真1　残留孤児の方々への聞き取り調査
困窮生活の実情を知る.

話し始めると、皆、自分のことも話し出す。集団だと間違った記憶が他の人によって修正される利点もある。ただ、人数があまり多くなりすぎると、話さない人が増え、取材の効果が低くなる。この4〜5人を集めての聞き取りは取材の入り口だ。心の奥底にしまってあるような事柄や感情は、人前では話しにくいものもあるためだ。そこで、「また後日、じっくり話を聞かせてください」などと言って、携帯番号や、都合の良い日などを聞き、改めて個別の取材となる。このようなグループインタビューのやり方は、研究者のフィールドワークと共通なのではないかと想像する。

残留孤児の方々の困窮生活を知る

結局、この段階で各県併せて50〜60人ぐらいに話を聞き、彼らの中国での苦労や、現在の困窮生活を知った。また、その生活保護率の高さ（7割以上！）に驚いた。残留孤児は、敗戦でソビエト軍などに親を殺され、中国でも長年苦労された方が多かった。優しい養父母もいたようだが、ろくに食事も与えられず、単なる労働力として使われた人もたくさんいたのだ。ただ、残留孤児の多くが納得できないと訴える原因は、日本に戻ってきてからの苦労なのである。「自分は日本人のはずなのに、差別される」と。敗戦で孤児になり、帰国するまでに1972年の日中国交正常化後も何十年もの長い時間がかかっていた。大人になってから日本に帰国しているため、日本語がまともに話せない人が大半だった。言葉が通じないため、単純労働の仕事にしか就けない。女性の場合は清掃、男性の場合は工場の組み立て作業ができればいい方だ。さらに孤児の方々も年を取って、病気を抱えている人も多いのが現状になっている。そうなると屈辱的で、制限の多い生活保護に頼らざるを得ない。

「自分たちは本当に辛酸をなめてきた。敗戦で中国に置き去りにされ、40年も放っておかれた。帰国後の日本語教育も形ばかり、就職支援もなく、惨めな生活保護生活、ひどいじゃないか」と訴えていたのだ。こうした辛い過去、辛い現状にある人びとに聞き取り調査をするのは結構、大変だ。日本語が話せる孤児の方に通訳してもらうとか、ボランティアを頼むとか、場合によってはプロの通訳を連れて行くことになる。日本人なのに日本語が話せない。それこそが、彼らの辿ってきた人生を象徴的に示している。

われわれテレビドキュメンタリーのディレクターは、いろいろなテーマで各国を取材するので、その都度、現地の言語をマスターすることはない。たいていは日本語で、現地で通訳を雇うケースが一般的だ。突っ込んだインタビューを英語でできるディレクターさえ、稀なのが実情である。その意味で、現地で共に暮らしながらフィールドワークをする方たちとは根本的に違う。私たちは「一期一会」、その短いなかでどれだけの取材ができるか、そこで力量が問われる。残留孤児の聞き取りを終え、彼らの主張と生活ぶりを中心にすえたドキュメンタリーをぜひ作りたい、と確信した私は、所属するパオネットワークのプロデューサーと相談した。所属する会社のプロデューサーは、毎日顔を合わせ、意見を出し合い、常に併走する同志である。地味な企画であること、歴史的な背景を描くためには長時間の番組枠が必要なことなどを考え合わせ、ＮＨＫのＢＳ枠が最もふさわしいとの結論に達した。

そこでＮＨＫのプロデューサーに企画を持ち込んだ。しかし、単に残留孤児の歴史と、現在の困窮した生活ぶりを伝えるだけでは番組の広がりがない、との指摘を受けた。別の視点が欲しい、企画がまだ弱い、ということだ。そしてもう少し、取材をすすめることになった。

何回か、あまりかわりばえのしない企画書を練り直し、プレゼンが繰り返された。しかし、局のプロデューサーを納得させることはできなかった。そして裁判傍聴を続けるなかで、番組化の糸口が見える瞬間が訪れた。

ある一言が変えさせた調査目的

２００５年11月8日、第16回口頭弁論のさなか、法廷内がどよめきに包まれたのだ。切々と自分たちの辛かった過去や、現在のぎりぎりの暮らしぶりを訴える孤児たちに対して、国側弁護人が「あなた方の親は一獲千金を求めて満州に渡ったのではないか」と言ったのだ。孤児たちは怒りをあらわにした。そしてこの発言が、私の気持ちに火をつけた。「これが番組化の鍵になる視点だ」、と。

それは、貧しい生活を強いられている残留孤児の人たちの実態をドキュメンタリーで伝えたいという、それまでのプランが白紙になった瞬間でもあった。「果たして本当に彼らの親は一獲千金を夢見て満州に渡ったのか」。私はこれまでと違う視点の企画書をＮＨＫのプロデューサーに持ち込み、相談した。新たな企画書は、満蒙開拓団は国策であったという多くの歴史学者の指摘をふまえたものにした。誰がどのような目的で開拓国を組織し、どのような過程を経て国策として推進されていったのかを明らかにしたい。そのために残留孤児の1人の人生を追う、という内容に変えたのだ。

ＮＨＫのプロデューサーからもそれならいける、と同意を得、多くの助言をいただいた。「もし国策なら、送り出された開拓団やその子どもたちの悲劇を描くだけではなく、送り出した側の論理はどういったものだったのかを明らかにしてほしい」。

こうしてＮＨＫのプロデューサーと私は、番組化の決定を下すＮＨＫの企画会議に向けて、さらに取材をすすめることにした。「送り出した側の論理、送り出された側の悲劇」という番組の趣旨は決まったが、番組化までにはまだ越えなくてはならない壁がいくつもある。ＮＨＫに限らず、局のプロデューサーは時に厳しく、企画の甘さを指摘する。しかし、良い企画であれば、番組を作る同志でもあるのだ。厳しい指摘や要求はそのためのものでもある。番組にかかわる人間は誰もが〝いい番組を作りたい〟と願っている。少なくとも、私はそう信じている。

ＴＶ番組のフィールドワーク：①第一次資料の発見

文献をいろいろ調べていくうちに、満蒙開拓団計画を強力に推進した人物として、東宮鉄男という関東軍（満州におかれた日本軍）将校が大きくかかわっていることがわかってきた。しかも、この人物はそもそも日中戦争のきっかけと言われる、張作霖爆殺事件の実行犯らしいという記述まで散見された。しかし、どの資料でも伝聞が多く、確証はなかった。こういう時に行くのは、まず恵比寿にある防衛庁戦史資料室。しかしそこでは何も見つからなかった。そこで、遺族を探すことにした。

東宮の出身地は群馬県前橋だ。まずは、電話で104に問い合わせてみたが、東宮での登録はなかった。次は、インターネットで検索をしたところ、名前がヒットしたなかに、不思議なことに赤城山中の温泉宿が出てきた。ロビーに東宮鉄男夫人の肖像画が飾ってあるという記述があったのだ。昔の軍人の妻の肖像画が飾ってあるなんて、これは、親族に違いないと連絡をとると、甥に当たる人物が当主だと判明した。早速こちらの趣旨を説明して、日記など当時に関する資料がないか尋ねたが、当初、芳しい返事は得られなかった。

しかし、何度か電話で話すうちに、「あなた方の番組趣旨からすれば、開拓団構想を練った東宮は悪者扱いになるので気が進まないが、じつは、当時の資料が蔵に大量に残っている」という話が出てきたのだ。ただし、公開はしたくないと拒否された。とりあえず見るだけでも、と懇願して、赤城温泉まで行くと、行李に何箱も資料が詰まっていた。お宝発見！――ただ、歴史的な価値があるのかないのか、その時点ではわからなかった。つまり、もうすでに公表されている資料だと、あまり価値がないのだ。とくにＮＨＫは第一次資料、つまり孫引きでない、最初の資料にこだわるところがあり、「未公開の第一次資料が見つかりました」、というと企画が断然通りやすくなる。本邦初公開、とアピールできるからだ。

　ちなみにこの時点では、番組化は決まっていない。そのため、交通費も宿泊費もすべて私の所属するプロダクションの持ち出しで、ＮＨＫでの企画が通らなかったら、1円にもならないのだ。私はさらに企画書を書き直し、ＮＨＫのプロデューサーに相談した。問題は二つだ。①東宮家が取材に応じてくれるか。②資料にはどの程度の歴史的価値があるのか。――この2つがクリアーにされなければ番組化はむずかしい、というのが共通認識となった。そこでとにかく、東宮家に足繁く通い、取材協力を懇願した。最初は渋っていたご主人も、「もう戦後60年がたっている。貴重な歴史資料を埋もれさせてはいけない。孤児たちも真実を知る権利がある」など説得するうちに、ついに取材に協力してもらえることになった。

　次は、歴史資料を読む専門家にその資料を見てもらう必要がある。この時は、元ＮＨＫの職員で、退職後、大正大学で歴史を教えている中田整一教授に資料価値の有無を判断してもらった。すると、満蒙開拓の細かな計画書や軍事資料が多数あることがわかった。さらに、張

写真２　東宮家の蔵の外観

作霖爆殺実行の当日の日記は抜けているが、前後からほぼ、彼が実行犯と特定できる日記も見つかった。この資料を読み込めば、軍部や国がどのような目的、経緯で計画を実行していったかを明らかにすることができそうだ。つまり、送り出す側の論理はつかめた。これは、「第一級の一次資料」と中田教授のお墨付きを頂いて、一安心。NHKの担当プロデューサーが番組化を決める会議にかけ、この企画を強く推してくれた。ついに番組化の正式な許可が下りた。最初の提案から数えて、第7案目の企画書であった。

ここではじめて、製作費や、撮影スケジュール、おおよその放送予定日などが決まる。つまり、ここからは「お金の取れる仕事」となるわけだ。いくら自分ではいい企画だと思っていても、局が首を

写真 **3**　蔵のなかに所狭しと積まれた資料

写真 **4**　箱から取り出した資料

写真 **5**　満州の馬賊・義勇軍の配置を示す地図

縦に振らないものは番組にはならない。民放などでは視聴率をどれだけとれるのかが重要視されることが多い。民放各局もドキュメンタリー枠は持っているが、視聴率が見込めないため深夜枠が多い。逆に公共放送であるＮＨＫは8月に必ず、終戦特集を組む決まりになっている。しかし、放送枠（本数）はおおむね決まっていて、そのなかで、ＮＨＫ本体、外郭団体、外部プロダクションなどが企画競争を行うのだ。

戦争関連に限らず、企画が通らないとプロダクションのディレクターのなかには自主記録映画を作る仲間もいる。局からの注文を聞かずに、自分の思うままに演出できる点が魅力だ。しかし、ここは難しい判断といえる。自分で資金を集め、会社員という制約のなかで、どうしても作りたいという強い気持ちだけで臨んでも、必ずしもうまくいくとは限らない。何故なら局のプロデューサーの批判にさらされるというのは、じつは大切なことなのだ。

「ひとりよがりの視点ではないか？　説明は足りているか？　事実誤認はないか？　論理的な破綻はないか？　その論理の根拠は？」——そういったチェックも必要なのだ。しかし自主制作で作る場合に素晴らしい作品ができることもある。たいていは直感的で寡黙で見る者に判断をゆだねる作品だ。

ＴＶ番組のフィールドワーク：②主役と二人三脚の旅が始まる

話を残留孤児の番組に戻そう。この価値ある資料の発見、ということと同時に、残留孤児の原告のなかからある一人を主人公に選び、彼の個人史をたどることにした。ＴＶでは、具体的な主役が必要なのだ。満蒙開拓団の全体の歴史のなかで彼を捉えつつ、彼だけの個人史、彼の物語を紡ぐ必要があるのだ。主役は内海忠志さん、横浜の県営住宅に中国人の妻と二人で暮らしている方に決めた。

内海さんは物静かではあるけれど、非常に芯の強い方だな、というのが第一印象だった。主人公を決める場合、もちろんどのような経験を重ねて今にいたったのか、訴えたい心情の強さ、視聴者の心を打ちやすい生活環境など、番組趣旨と照らし合わせて熟考しなければならない。しかし、最初に会った時の印象や、ディレクターとの相性の良し悪しも大事だ。「この人でいける、いや、この人を撮りたい」と思えるかどうか。番組のテーマは、内海さんとその両親の人生の軌跡を追いながら、満蒙開拓団とは何だったのか、国家はどのような形で開拓団や彼らの人生にかかわってきたのかを問うものだ。戦後61年、内海さんは番組スタッフとともに家族の足跡をたどる旅をすることになる。

しかし、内海さん、そしてその両親の個人史を調べるのは、並大抵のことではなかった。1945年8月9日、ソビエト軍は突然、参戦を表明。その時、内海さんはわずか4歳だった。戦況が苦しかった日本軍は当時、開拓団にいた男たちに根こそぎ動員をかけ、そこからアジアの各戦線に出征させていた。そのため、ソビエト軍が満州に侵攻してきたとき、開拓団には「年寄り」と「女子供」しか残っていなかったのだ。内海さんの母、アサさんは5人の子どもたちを連れて逃げまどった。内海さんはそのさなかに、アサさんが、日本兵に殺されたと語った。「5～6人のゲートルを巻いた日本兵が銃を撃ち母や何人かの大人が殺され、子どもたちは銃剣で殴られた」と自らの頭に残る傷を見せながら訴えた。それはいったいどういうことなのか。

写真 6　主役の内海さん

何故，日本はわれわれを難民のように扱うのか．
満州移民は国家にだまされたのだと訴える．

内海さんはその後、中国の貧しい農民に引き取られ、幼いころから裸足で牛や豚の世話に追われる生活を送った。養父母は内海さんが日本人であることを周囲に隠して育て、小学校にも通わせてくれた。しかし内海さんは、自分の本当の名前もわからず長い間苦しむことになった。

満蒙開拓団とは何だったのか

満蒙開拓団の実態を知るためには、まず、満州移民が、いつごろから始まったのか調査する必要がある。ここで、東宮鉄男の資料が生きてきた。発見された資料のなかに東宮が軍部に提出した満州移民計画の草案があった。提出されたのは、日本の傀儡国家、満州国が建国された昭和7年。資料には「満州が建国された今こそが移民計画実行の最適の機会。移民の目的は、永続的に移民を駐屯させることでソビエト軍の脅威を防ぐ武装農民」とはっきりと記してあった。数多くの資料のなかには、開拓団を設置するのにふさわしい場所や装備などを調査したものも含まれていた。

開拓団は国境沿いとか、危険な地域に意識的に配置するよう計画されていた。つまり、東宮の目的は、軍事的に脆弱な場所に開拓団を送り込み、「人による防波堤」を築こうというものだったのだ。この意見書をもとに拓務省は昭和7年8月、「第一次移民計画」の予算案を臨時帝国議会に提出、承認を得た。天皇の御名御璽（サインと印章）をいただき、満州移民計画は国策として正式に進められることになった。さらに、計画が遂行される過程を記した資料からは、開拓団の「開拓地」が決して未墾の地ではなく、すでに中国の農民たちの耕地であったことも明らかになっていく。彼らの土地を二束三文で取り上げ、開拓団の農地としたのだ。つまり、国家による収奪だ。

内海さんの父はどのような経緯で移民となったのか

内海さんの父、信三さんは神奈川県土屋村出身である。そこで、神奈川県の公文書館の元館長に電話で取材した。すると、次のような情報が得られた。

神奈川県は軍需工場が多かったため働く場所があり、よほどの貧農でないかぎり開拓団の募集には応じなかったこと。また、開拓団員募集は各県の市町村などが窓口になり、たいていは県ごとに開拓団を編成するのだが、神奈川県の場合は、200人、300人といった開拓村を作れる規模の人数が集まらなかったため、応募した人はほかの県の開拓団に組み込まれたということも明らかになった。また応募する人は、村からの推薦状が当時の拓務省宛てに必要だったことなどを教えてもらった。

村からの推薦状などが残っていれば、応募のいきさつなどがわかるかもしれない、と希望を抱いたものの、残念ながら内海信三さんの出身地、土屋村は昭和30年の町村合併で平塚市に吸収され、当時の公文書は燃やされて、もうないということだった。そこで、次は平塚市をあたった。市史編纂担当の関 恒久さんという方に会い、協力を仰いだ。しばらくして、関さんから、公文書ではないが、昭和11年の横浜貿易新報（現、横浜新聞）に「ハタホ開拓団募集に応じた内海信三青年」という記事が見つかったとの連絡が来た。

記事には、小作で貧しかった内海青年が開拓団に応募、現在の横浜市開校記念館の一室で、ほかの応募者とともに県幹部による歓送会で歓待され、満州に渡ったと書かれていた。土地もなく貧しい農民だった信三さんが、国の募集に応じたことがわかった。つまり、満蒙開拓団は東宮鉄男という軍人が考え、軍部と拓務省、ひいては帝国議会が推進した国策事業であり、決して裁判で国側弁護人が言ったように、「一獲千金を夢見て勝手に行った」のではなかった。

では、渡った先の満州のハタホ開拓団はどのような開拓団で、内海さんの父はそこでどんな暮らしをしていたのだろうか。ハタホ開拓団は長野県出身者が中心の開拓団だった。長野は日本で最も多くの開拓団を送り出した県であり、それは、当時最も貧しかったことを意味する。食べることにも汲々とした農家の二男、三男が拓務省や県の求めに応じて、満州へ渡っていったのだ。そこで、開拓団資料収集に力を入れている飯田市歴史研究所に足を運び、当時のハタホ開拓団員でご存命の方の連絡先を探し出した。そこからは、手あたりしだいの電話取材、そして訪問の繰り返しだ。

証言者探し

電話をしても、もう亡くなられていたり、ご家族から受け答えできる状況にないと告げられたり、戦争関連の番組を作る場合はいつも「時間との戦いだ」と痛感させられる。そう遠くない将来、この手の本人証言は難しくなるはずだ。その時は、どのような形で番組を作っていくのか、われわれＴＶドキュメンタリーにかかわるものの共通の課題だ。

一方で、いまだに当時のことは思い出したくない、話したくないと強烈に拒否されることもある。どんなに時間がたっても風化しない、痛恨の記憶が、まだそこにある、そう実感させられる時だ。そういう方には手紙などを書いて、時間をかけてお願いするが、放送日という締切が決められているため、断念することも少なくない。

さて、あちこち連絡するうちに、茨城県のあるご夫婦がハタホ開拓団にいたことが判明した。その槇仙造さん、サキエさんご夫婦のご自宅を訪ねた。仙造さんは当時の開拓団の暮らしぶりを事細かに話してくれた。大豆やコーリャン、トウキビを作っていたこと。その作物を軍部に納入し、かわりに豚肉や豆腐などを買っていたこと。内海さんの父、信三さんはとてもまじめな人だったことなどつい最近のことのように生き生きと話してくれた。しかし、終戦時の逃避行については、仙造さんは現地召集されていたので、開拓団の様子はわからないと言う。一方、サキエさんは最初からとても口が重く、話したくない悲惨な光景が目の前で繰り広げられたことが伺われた。いったい何があったのか……。

ハタホ開拓団はソ連軍から逃れて敗走する間に、一部で集団自決があったとも、日本兵による殺戮があったとも伝えられているが、真相ははっきりしない。涙ぐみながら、敗走の途中で多くの仲間が死んでいったと言葉少なに語るサキエさんに私はそれ以上、聞くことをせずに、ご夫婦に撮影の約束だけを取りつけて帰った。これはドキュメンタリーのディレクターとしての私の判断だ。

一般の人がテレビカメラの前で自分を語る、ましてや凄惨な体験を語るという機会はほとんどない。カメラの前で緊張して上手くしゃべれないのではと思うかもしれないが、必ずしもそうではない。

〝今あなたの目の前にはカメラがある。普段漠然と思っていることも、カメラの前だからこそ、体験の意味を改めて自らに問いながら語れる。〟

私はそんな風に取材させていただく方と対峙することが多い。すると、やはり思いが伝わるのか、あるいは自然とそうなるのか、今まで口にしてこなかったことが一気に噴き出すのだ。この人には語るべき何かがある、と確信したら、私はカメラのないところで中途半端に聞いてしまわないようにしている。初めて語るからこそ、口を突いて出てくる言葉の奔流を大切にしたいからだ。

さて、ここまでがだいたい、ロケ前に私一人が行う「フィールドワーク」だ。

ロケ開始

まず、ロケは赤城山のふもとに眠る歴史的資料を、東宮家の蔵のなかから出すところから始まった。資料は個別に調査し、番組に必要なものを撮影していく。一方、主人公の内海さんの撮影はまず、夫婦二人の食事や会話など、その日常から始めた。ロケはもちろんプロの通訳付きだ。内海さんは年に68万ほどの年金、奥さんのクリーニング工場でのパート収入、そして知人から借りた畑で作る野菜を地元のスーパーで売って生計を立てていた。それらを撮影しながら、内海さんと信頼関係を築き、インタビューを重ねていく。そして、あの「横浜貿易新報」を読み伝え、横浜市開港記念館へと誘った。父が歓送会を開いてもらったという部屋のなかで、内海さんは、父はいったいどのような気持ちで送りだされたのかに思いをはせていた。

「父は満州と言う日本の生命線を守るためにソビエト国境近くに移民した。農業開拓と言いながら、働きながら兵隊にさせられた。国に騙された」、と強い口調で語った。取材では、やはり満州に移民として渡ったアサさんと現地で結婚し5人の子どもに恵まれたこともわかった。

では、1945年8月、開拓団にいったい何が起こったのか——。次は内海さんを茨城の槇さんご夫婦と引き合わせた。4歳までの記憶しかない内海さん。しかし、母を殺された時の記憶だけは鮮明だった。内海さんは何故、母が日本兵に殺されたのか、ぜひ知りたいと願っていた。それは生き証人である槇 サキエさんにしか語れない。約束の日、ご夫婦は本当にあたたかく内海さんを迎え入れ、内海さんを前に、サキエさんも心をゆるし、溢れるように当時の状況を語りだした。

ソ連軍侵攻を目前に一週間分の食料を持って、皆で日本軍の司令部があった新京（現在の長春）を目指したこと。昼夜歩きづめで3日、足並みは乱れ、体力の弱いものからどんどん遅れ、隊列の先頭と最後尾では10㎞にもなってしまったこと。先頭はソビエト兵の銃撃にさらされ、後方には戦車が迫るなか、ソビエト兵に見つかるといけないと、泣いている子どもを抱いて窒息死させた母親の話。銃に撃たれて内臓が出ている夫を見て「水！水！」と叫んでいた妻の話。その惨状をサキエさんは涙ながらに語った。内海さんも自分たちの身に起こったことを一言一言かみしめるように聞いていた。しかし、サキエさんと内海さん母子は隊列の先端と後方にいたようで、それ以上のことはわからなかった。ただ、途中で関東軍と一緒になったが、一切助けてくれることなく、あっという間に姿を消したという証言だけが得られた。

運命の現場に立つ

内海さんは、母が殺された黒竜江省麻山の現場に向かった。それは滴道《てきどう》という日本軍の兵営のあった場所。現場に立った内海さんの記憶が鮮烈に蘇る。母と兄弟を殺され、残ったのは姉と二人。二人は中国人の畑からトウモロコシを盗んで食べ、夜は母の死体のそばで眠ったこと。多くの日本人の遺体が転がるその場所へ、金目のものを探しにきた中国人に拾われ、姉と生き別れたこと……。内海さんの絞り出すような声に、現場で荒々しく吹く風音が重なる。その荒涼とした音が、内海さんの苦労の多い人生を象徴するかのようで、私たちスタッフの胸を押しつぶした。

番組では結局、内海さんの母を殺したのが日本兵だったという確実な証拠は得られなかった。しかし、日本軍が自分たちの盾にするために国境近くに配置した開拓団員たちを見捨てて逃げたのは確かだった。さらに、ようやく新京にたどりついた開拓団員さえ置き去りにして、軍人家族だけを乗せた列車を走らせていたことも、証言が得られた。１９４５年8月31日、日本政府は満州に残された人びとの深刻な状況を把握していたにもかかわらず、「在外邦人は現地にとどまり、忍苦努力せよ」との方針を決定した。まさに「棄民」だった。こうして多くの開拓団民が見殺しにされ、数多くの孤児が中国の大地に取り残されたのだ。

中国人の養父母に育てられた内海さんは、自分が日本人であることを隠して暮らしながらも、自分の名前もわからない状況に苦しみ続けていた。そして、1981年、41歳の時についに自分のいたハタホ開拓団を突き止め、そこを訪ねた。それを手掛かりに父親の名前と、父がシベリアに抑留された後、帰国したことを知る。父、信三さんは妻子が全員亡くなったものと思い、帰国後、再婚していた。内海さんは一刻も早い帰国を望んだが、日本政府は残留孤児たちを出入国管理及び難民認定法上外国人として扱った。そのため、家族の同意や身元引受人が必要となり、その結果多くの孤児の帰国が大幅に遅れることになった。内海さんが帰国を果たしたのは1987年だ。その3年後、多くを語り合う前に、父、信三さんは亡くなった。4歳で中国に取り残された内海さんが祖国に戻るまでにじつに40年以上の歳月が必要だったのだ。番組では最後に内海さんの自宅に集まった残留孤児の人たちの思いを聞いた。そのなかで「戦争が終わった今もわれわれは被害者のままだ」と言う言葉が深く胸に突き刺さった。

結論・それぞれのフィールドワーク

この番組は、地上波総合、BS‐1、BS‐ハイビジョンと3波で長さと内容を少しずつ変えて放送された。BS‐1の番組は、全日本テレビ番組製作者連盟による第23回ATP賞テレビグランプリでドキュメンタリー部門の優秀賞をいただいた。私は番組を通して、中国残留孤児の方々の置かれた惨状や、国家が彼らにしてきた無責任な政策を、少しでも多くの視聴者に伝えることができたと自負している。マスメディアにかかわる私の「社会問題にどう対するか」とは、伝えるべきことを多くの人に伝える、ということにつきる。結局、裁判は政治決着し和解。基礎年金満額の月約６万６千円を支給。さらに生活保護に変わる特別給付金制度を創設し、月に最高８万円を支給。住宅・医療・介護費は扶助することとなり、２００８年４月より実施されている。

　以上、本章ではＴＶドキュメンタリーがどのような過程を経て作られるかの一端をわかっていただけたかと思う。正直なことをいうと、番組作りで最も大変なのは企画を放送局に通すことだ。過去に取り上げられていない「ネタ」か、視聴率は取れるのか、斬新な演出法で…と、ＮＨＫはじめ民放各放送局から常に求められていることだ。しかし、何度でも取り上げるべき「ネタ」もある。オーソドックスでも力強い演出もあるはずだ。そういったことをいつも不満に思いながら、ＴＶの向こうにいる多くの視聴者に見てもらうには、まずはこの壁を超えないといけないと局の担当者にプレゼンするのだ。伝えるべき事柄がそこにあるのだから。

　ここにきて研究者の方々のフィールドワークとわれわれのやり方の違いを考えるならばまず、「必ずそこにカメラがある」ということだろうか。もちろん事前取材はしているが、ＴＶは映像がないとお話にならない。カメラがなければ取材が楽なのに、と思うこともあるが、カメラの力は絶大だと私

写真７　困窮生活を語る残留孤児の方
中国でも日本でも，ひどい人生だと語る．

は信じている。どんな言葉よりも、表情一つがすべてを物語る、ということがあるからだ。また、もう一つの違いはフィールドワークの期間の長さだろう。研究者の方々は何年にもわたり現地に滞在、取材対象に密着されていることと思う。

ＴＶドキュメンタリーでもやはり長期取材したものには、番組の厚みが出る、ということだ。しかし、そこには製作費、予算の問題がつきまとう。英国ＢＢＣのように多額の予算をつぎ込み、長期取材ばかりか、特別な機材の開発まで可能にできるのは、世界でもまれな例だ。海外でも少ない予算と期間でゲリラ的に、それでも良質な番組を作る放送局や制作プロダクションは山のようにある。日本の民放でも低予算・深夜枠で伝えるべきものをきちんと伝える番組があることは、ぜひ、皆様に知ってもらいたい。

幸いなことに現在ではどんどん小型で安いカメラ機材が出まわっている。編集もソフトを入れればパソコンで簡単にできるようになってきている。しかし同時に、ドキュメンタリーの予算がそれを理由に減らされているのも事実だ。おまけにＴＶには決められた放送日までに制作しなくてはいけないという期限がある。厳しい条件のなかで、「一期一会」とならざるを得ない場合が多い。もちろん、例外はある。だが結局、私たちはまさに「通り過ぎて行く者」なのだ。そしてＴＶは放送した瞬間に消えるものでもある。そのかわりにフィールドワークの結果を「マス」、多くの人に伝えることができるというわけだ。

一方、研究者の方たちは長期にわたってフィールドワークをされ、それぞれに多くの「伝えるべき宝」をお持ちだと思う。ただ、それが研究者間や一部の読者、学生にしか伝わらないケースもあるような気がする。それは、大変もったいないことだと思う。純粋な研究はもちろん大事だと思うが、多くの方に伝える手段があれば、さらに生きたものになるのではないか。近年はインターネットで研究者の方々の論文や現地の写真など、見ることが容易になった。それはとても良いことだと思う。小型かつ高性能のカメラを安価で手に入れられる現在、多くの研究者の方達が動画などで自分たちの研究を発信していくことが今後はどんどん増えていくと思う。

ＴＶもまた、「マスコミ」としての既得権益を失っていくかもしれない。少なくとも変らざるを得ない状況に面しているのではないか。これまで私たちＴＶ関係者は、専門的なことに関して、学者、研究者の方々の助言をいただくことが良くあった。しかし、その場限りで終ってしまう、悪い意味での「一期一会」も多かった。

今後はインターネットを通じて、両者の壁が低くなると予想する。一方でマスメディアと研究者が長期的なコミュニケーションを行う一つの方法としてFENICSのような〝場〟が橋渡しの役割を果すことを願ってやまない。それぞれの良さを融合して何か一緒に作っていければ、互いの可能性は広がるのだから。

本稿の取材によって作られた番組

①地上波総合ＮＨＫスペシャル「満蒙開拓団はこうして送られた」2006.8.11　22:00～22:49（49分）：東宮家の資料を中心に作られた。

②ＢＳ‐１ ＢＳドキュメンタリー「満蒙開拓団～ある家族の軌跡～」2006.8.19　22:10~23:00（50分）：残留孤児、内海さんのドキュメンタリーを中心にした。

③ＢＳ‐ハイビジョン「満蒙開拓団～国策が生んだ悲劇の記録～」2006.9.13　21:00~22:50（110分）：上記両番組を合体させたバージョンである。

編者注

本シリーズ第7巻にも満蒙開拓が取り上げられているのでお読みいただきたい。

・安岡健一（２０１７）〈無念〉に触れる――フィールドで問い返される研究の公共性、白石壮一郎・椎野若菜編『社会問題と出会う』（100万人のフィールドワーカーシリーズ第7巻）、古今書院．

9 文化遺産と人を結ぶ

「世界文化遺産」となった モンゴル・オルホン渓谷の事例から

山口欧志・清水奈都紀
YAMAGUCHI Hiroshi / SHIMIZU Natsuki

世界文化遺産をフィールドにした二つの取り組み

ユネスコは「オルホン渓谷の文化的景観」を、２００４年に世界文化遺産に登録した。この世界文化遺産は、モンゴル国中央部に位置する(図1)。高層ビルが建ち並ぶ首都のウランバートルから西へおよそ３２０km、車で約5～6時間の距離である。ただしその時間は、あくまでも道路状況の良い時の目安だ。道中、工事中の箇所があったりすると、広大な草原を激しく揺られながらさらに数時間爆走することになる。

オルホン渓谷の文化的景観は、オルホン渓谷の両岸に広がる放牧地と、モンゴル帝国時代の首都カラコルムや一六世紀に造営されたチベット仏教寺院エルデネ・ゾー、8世紀に突厥によって立てられたオルホン碑文など5つの主要な文化遺産と、22の遺跡を含む。コア地域の面積は約12ha、緩衝地帯の面積は約6万haと広大である。筆者らはこのエリア

図1　ハラホリンの位置

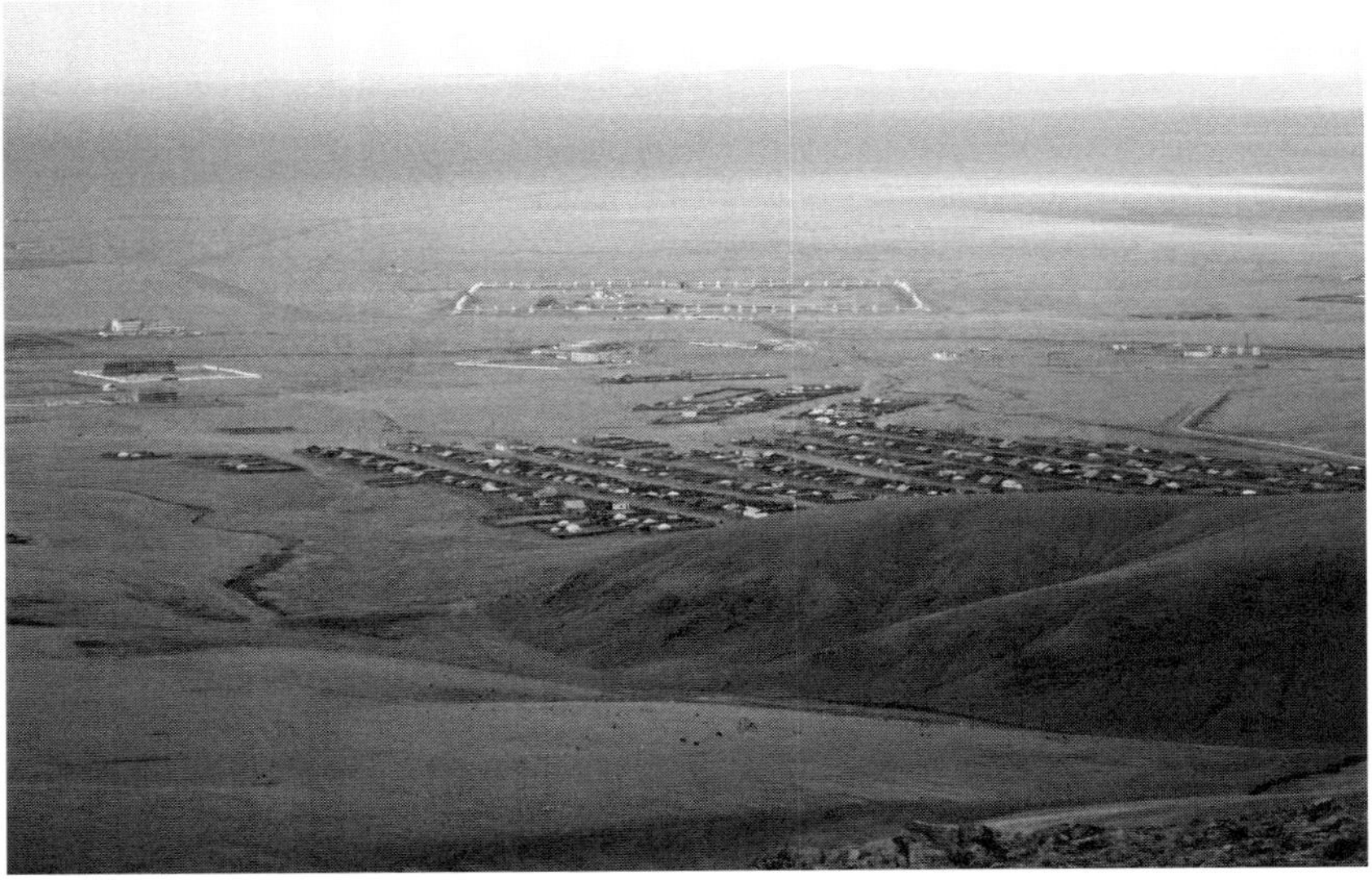

写真 1　遠望したハラホリン集落

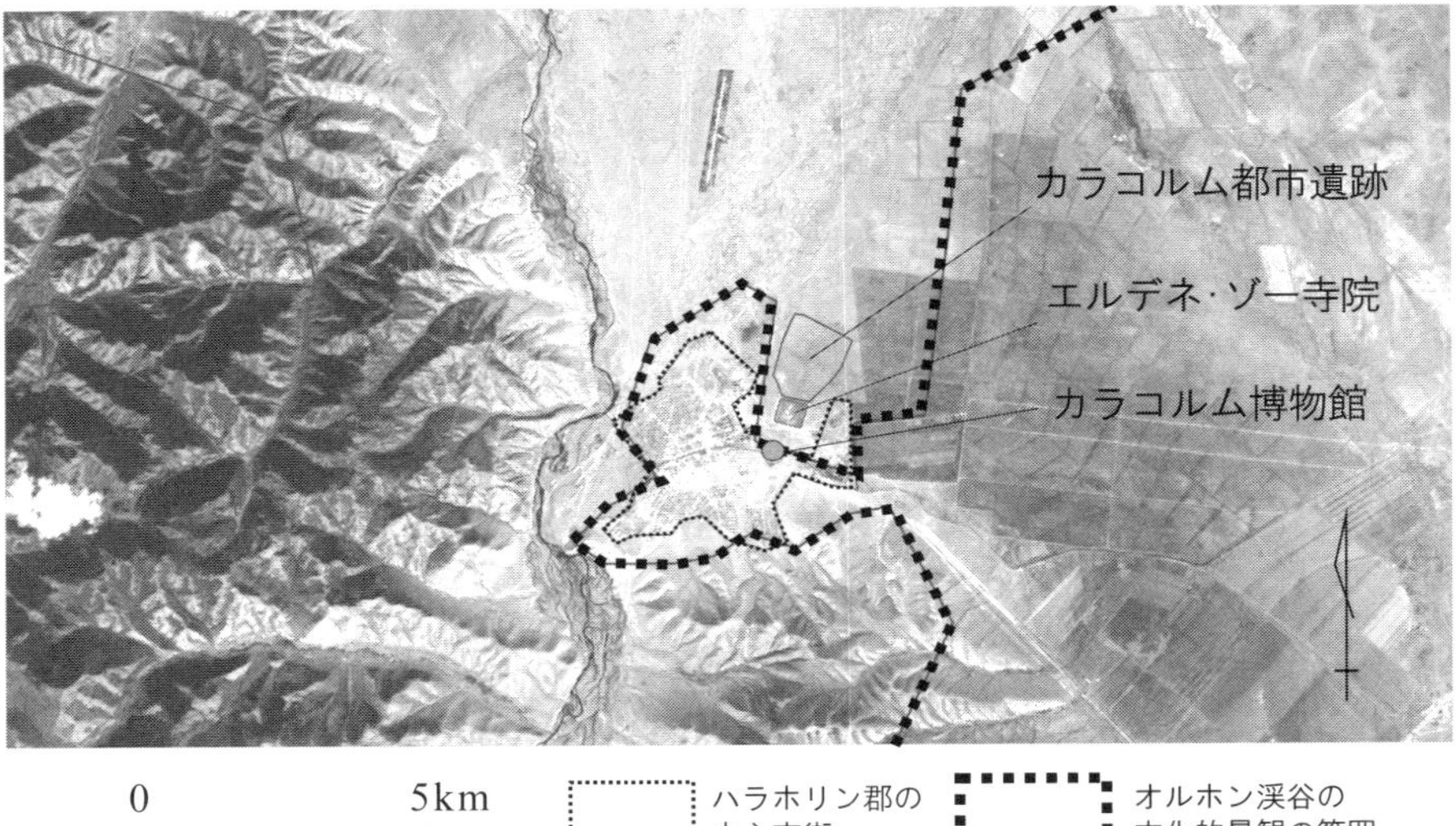

図 2　遺跡・世界遺産・寺院・博物館の位置関係

のなかでもウブルハンガイ県ハラホリン郡（モンゴル語の行政区画でアイマグは県に相当、ソムは郡に相当する）に所在するカラコルム遺跡とエルデネ・ゾー寺院、そしてハラホリン郡の中心集落（以下、ハラホリン集落とする）を中心にフィールドワークを続けている（写真1、図2）。

ハラホリン郡の総人口は約1.2万人、うち集落居住者は約8.8千人、そして3.7千人が草原で遊牧生活を営む。中心集落に定住する人びとの就業人口の約半数は牧畜業を営んでおり、集落での生活には遊牧と定住の文化が混在している。身近なところでいうと、食堂や学校があり、売店では携帯電話の追加料金用ＳＩＭカードも売っていて、雑貨などを売る商店もある比較的大きな村だ。

本章の筆者の一人である清水は文化遺産学の視点と方法を導入し、住民への聞き取り調査やワークショップ、博物館での企画展示などから文化遺産と住民のより豊かな関係を模索する。他方、山口は考古学の視点と方法を活かし、住民自らの手で持続発展的に文化遺産の魅力を発信できるよう、収蔵資料の理解を高めるワークショップやデジタルミュージアムの構築を通して住民やモンゴル国内の研究者と共に博物館力の向上を目指す。まずはオルホン渓谷の文化的景観としてこの地域が世界文化遺産に登録される以前に訪れたことのある清水の取り組みからふれよう。

文化遺産と住民

清水が初めてハラホリン郡を訪れたのは２００３年、モンゴル国立大学留学中のことであった。冬のことで観光客もおらず、静かな場所だなと思いながらエルデネ・ゾー寺院博物館を見学し、次の場所に移動したことを覚えている。そのときは、その後十年以上もこの場所やここで暮らす人たちとかかわることになるとは考えてもいなかった。

その後、帰国して大学院に進学した頃、オルホン渓谷の文化的景観がモンゴル国初の世界文化遺産に登録されたと知り、登録によって集落にもたらされるであろうさまざまなインパクト──観光客が押し寄せるであろうし、それを期待しておそらく開発が行われるであろう。観光収入を見込んで多くの住民が他所から集落に移住し、人口が集中するかもしれない、といったこと──を予想し、実情を探るべく2005年からハラホリン郡でのフィールドワークを開始した。

しかし、世界文化遺産登録によって集落に劇的な変化はもたらされなかった。観光客数は確かに増加傾向にあったが爆発的な増加ではなく、大規模な開発も行われなかった。住民も「何も変わらないよ」と話す。肩すかしを食らったような気分を味わった。

当時、世界文化遺産への登録が遺産周辺に暮らす人びとの生活にさまざまな変容をもたらしたことが数多く報告されていた。しかし、ハラホリンは変わらない。清水は「世界文化遺産登録がもたらすハラホリン集落への影響を探る」ことから、「世界文化遺産登録によりハラホリン集落は本当に変わらないのか、なぜ変わらないのか」へと調査テーマを変更してフィールドワークを開始した。

世界文化遺産と住民のかかわり

首都から幹線道路が通じ、主要な文化遺産に隣接するハラホリン集落は、世界文化遺産「オルホン渓谷の文化的景観」の中心地であるため、当然ながら世界文化遺産登録をきっかけとした集落の大規模な開発も計画された。しかし、根拠のない復元を多く含むために却下されたり、予算不足で立ち消えになったりした。

また、世界文化遺産登録エリアは広く観光客は各地に分散する。とくに外国人観光客は集落内ではなく、草原にある遊牧民の伝統的な住居ゲルを用いたツーリストキャンプでの宿泊や食事を好むため、集落内に大規模なホテルやレストランが建設されることもなかった。ツーリストキャンプは夏期のみの営業が主流で、従業員の多くは首都ウランバートルで語学や観光について学んだ学生アルバイトであった。清掃や調理といった裏方仕事には若干の住民が雇用されていた。多くの観光客は首都で手配した車とガイドを伴いハラホリンを訪れ、集落外にあるキャンプに宿泊して次の目的地に向かう。集落で暮らす住民が彼らとかかわる機会はほとんどなかったために、世界文化遺産登録によって生じた観光客の増加が良くも悪くも集落の生活に大きな影響を与えなかったのである。

そして、地域住民が文化遺産とかかわる機会も制限されていた。ハラホリン郡の文化遺産担当者ですら、「自身の役割は何らかの問題が生じた際に国の機関に知らせるだけで、予算もないため自ら直接的に文化遺産の保護に携わる機会はない」と話していた。また、当時ドイツの研究チーム(隊)が行っていたカラコルム都市遺跡の発掘調査に関する情報が住民にまったく公開されていなかったため、「外国人が見て、ウランバートルの人も見ることができるけれど、ハラホリンの人は見ることができない」と憤りをあらわにしていた。

さらに住民への聞き取り調査を進めていくと、住民が世界文化遺産というものに対して十分に理解していないことが見えてきた。門前に記念碑が建てられたこともあり、エルデネ・ゾーが世界文化遺産に登録されたらしいということは知られていたが、地上に構造物を持たない遺跡に対する認識は薄く、そもそも世界文化遺産とは何であり、どのような評価に基づき登録されたのかが理解されていなかった。

このような文化遺産と住民との希薄な関係性を深めていくために、まず世界文化遺産とは何であるか、また遺跡や寺院、景観がどのような価値を有すると評価されて世界文化遺産に登録されたのかを住民に普及啓発することが重要であると清水は考えていた。しかし、さらに住民への調査を進めていくと、文化遺産に対する住民独自の認識やかかわりが明らかになってきた。

たとえば、エルデネ・ゾーは現在も人びとが信仰の場として集う寺院であり、複数の学部を有する学問寺でもある。この寺院敷地内に転がる腐敗した木材は、そのうちの一学部が、かつて存在した堂宇を再建しようと資金を集め運び込んだものである。当然、世界文化遺産登録物件に学術的根拠を持たない建物を復元することは許されない。許可も下りず、資金も不足したために木材は放置されたのである。僧侶や住民にとっては自らの信仰に必要な堂宇を建設しようとすることは当然のことなのであろう。エルデネ・ゾーが建立されてから現在に至るまでの歴史的な価値よりも、信仰の場である「今」の視点による価値が住民にとっては優先される。

寺院の北に位置するカラコルム都市遺跡では、観光客相手に土産物を売る人びとがいる。多くは中国から輸入した置物や装飾品などを机に並べて販売しているが、なかにはカラコルム都市遺跡から出土したと思われる陶磁器片などを売る者もいる。こういった遺物に興味を示すと、机の下からもっと大きな壷や皿が出てくることもある。遺物を販売する者のなかには、明らかに販売を目的として盗掘する者もいる。しかし、外国人がこのような遺物に関心を示すと知った牧民が、放牧中に拾い集めた陶磁器片や銭貨を並べていることもある。地上に構造物をほとんど有していないカラコルム都市遺跡は、牧民にとって遺跡である前に放牧地として認識されており、草原に落ちているタイヤや動物の角なども拾い再利用することが当たり前の彼らにとって、落ちている遺物を拾って持ち帰り、需要に応じて販売することは悪い事ではない。

文化遺産を破壊するように見える行為が、専門家とは異なる住民なりの認識に基づいた行為であることもある。今必要なことは、普及啓発という名で専門家や研究者の認識を一方的に伝えるのではなく、われわれもまた住民が文化遺産をどのように捉えているのかを理解し、共に管理していく方法を模索することではないか、と考えるようになった。

専門家と住民との相互理解にむけて

世界文化遺産登録から10年も経てば、住民の文化遺産に対する認識も少しずつ変化してくる。日本やドイツの大使出席のもと式典が行われて博物館が開館し、観光客も多く訪れるようになったことから、海外からも大きな注目を集める重要な文化遺産がここにあることを住民も実感し始めた。モンゴル国内のテレビ番組や新聞記事で文化遺産が取り上げられる機会が増えたこと、またスマートフォンとインターネットが普及してさまざまな情報に容易にアクセスできるようになったことなどから、ここにある文化遺産がどのような価値を有するものであるのかを住民も理解するようになってきた。国や地方の専門家、博物館による教育普及活動の成果も大きい。モンゴル国の文化遺産関係者によると、２０１４年頃から一般への文化遺産の普及啓発活動の重要性について国内でも議論されるようになり、政府や博物館などで教育活動に力を入れるようになったという。

しかし、住民の認識を理解し、住民参加のもと文化遺産を管理していくという動きは見られなかった。果たして、世界文化遺産という一つの見方で解釈が統一されていくことが健全な文化遺産の在り方なのであろうか、地域の認識も知識の一つとして明らかにし残していくべきなのではないだろうか。地元住民と共に文化遺産を保護していくには、文化遺産の持つ多様な価値を共有していくことが必要ではないかと考えていた清水は、日本での事例を参考にしながらハラホリンでの住民参加型で行う文化遺産の管理計画を現地で提案することにした。

提案は専門家と面会した際に、あるいは学術会議の場で行ったが、２０１１年頃は内容や目的が理解されなかったり、「うちの機関の仕事ではない」と否定的な反応であった。だが、２０１３年頃から世界文化遺産管理事務所やカラコルム博物館の賛同を得られるようになってきた。しかし、実際に活動するとなると、このような住民を巻き込んだ文化遺産保護活動はモンゴル国において前例がなく、また専門家も不在のため実現には至らなかった。そこで自ら実践へと足を踏み入れることとなった。

地域参加型の文化遺産保存活用に向けた取り組み

カラコルム博物館や世界文化遺産管理事務所といった地元の関係機関や住民らと協働した地域参加型の文化遺産保護の実現に向けた取り組みは、第一期を２０１５年度から開始した。２０１７年現在、２０１６年度の第二期目を総括し第三期目を計画している。取り組みの基本は、文化遺産に対する住民独自の認識や知識を「住民の知」として収集し、ワークショップを開催して他の住民らとを共有し発展させて、その成果に基づきカラコルム博物館で展示を開催し住民が解説する、というものである。

（1）「住民の知」

これまでの調査でさまざまな「住民の知」が明らかになった。たとえば、モンゴル国といえば遊牧が想起され、オルホン渓谷が文化的景観として登録された理由もまた遊牧文化の持続性にある。しかし一方で、このハラホリンが社会主義時代に繁栄した国営農場であったことはあまり知られていない。

じつは、カラコルム都市遺跡の上には今も国営農場時代に利用されていた豚小屋や牛小屋の跡が残り、集落内にも小麦粉工場や発電所として利用されていた建物が廃墟となり残っている。

住民に聞き取り調査を行うと国営農場の話題が頻繁に出てくる。というのも、この集落は国営農場開設に伴い形成されたものであり、住民の多くはここで仕事を得るために移住してきた者、あるいはその家族であるからだ。調査ではロシアやポーランド、中国などから来た専門家や労働者が行き交う活気ある農場の姿を懐かしみ、かつて働いた工場が廃墟と化してしまった現状を嘆く声が多く聞かれた。今は利用されず放棄された建物や耕地も、住民にとっては自らのルーツと深くかかわる遺産である。

また、集落に隣接するエルデネ・ゾーは住民にとって文化遺産としても信仰の対象としても重要なものであるが、聞き取り調査ではこの寺院と並行してバローン・フレー（寺院）について語られることが多い。バローン・フレーはハラホリン中心集落から約22㎞の距離にある初代活仏ザナバザルが建立した寺院で、1930年代の粛正により破壊を受けるまでは1500人以上の僧侶が暮らす大規模な寺院であった。徹底的な破壊を受けたために民主化以降も再建が難しく、本来のバローン・フレーから2㎞ほど南西に位置する、かつて高位の僧が居住していた寺院に再建されて1992年より宗教活動が再開された。エルデネ・ゾーと異なり外国人観光客が訪れることはほとんどない。

しかし、本来由緒ある寺であること、還俗したバローン・フレーの元僧侶を家族に持つ人びとが多いことなどから、ハラホリン集落で行う聞き取り調査ではエルデ・ゾー寺院の話題からバローン・フレーの話題へと移行することが頻繁にある。住民らはバローン・フレーの歴史や伝承について、また粛正を受けた時代に周囲の人びとがどのようにして密かに仏像や仏典を守り、秘匿して信仰を維持してきたかを語る。両寺院を信仰し継承する住民の姿勢は、エルデネ・ゾー寺院のみに焦点が当たりがちな現在の文化遺産保護政策に対し、より関連づけた管理が行われるべきことを示唆しているようにも思われる。

住民の日常的な視点から捉えた文化遺産の姿は外国人研究者である清水の知る文化遺産の姿とは少し異なり、その保護や管理を考えるうえで視野を広げ、示唆を与える重要な知識であった。

（2）住民参加型による文化遺産保存活用のカタチ

初年度にあたる２０１５年度の取り組みにおいては、清水が主体となり聞き取り調査やワークショップを開催し情報を収集して「住民の知」を明らかにし、モンゴル側協力者である地元の関係者と協議して展示内容を決定し、住民にボランティア解説員として参加してもらった（写真２）。しかし、このような方法では結局清水や地元関係者が住民に対して「住民の知」を普及啓発する形となり、住民は受け身の立場となり積極的に参加することができず、知識を自らのものとして自信を持った解説ができなかった。

写真２　文化遺産保存をテーマにした住民参加によるワークショップ

そのため、2年目にあたる２０１６年度の取り組みでは住民自身が何を文化遺産と認識し、いかなる情報を発信したいのかを重視して、「住民の知」の調査対象となる文化遺産を住民自身が選択し、調査グループを編成して住民自ら調査を行うという方法に変更した。歴史文化遺産から乳製品加工技術に至るまで、有形無形問わずさまざまな調査テーマ候補が挙げられ、そのなかから投票で５つのテーマが選択されて、5つのグループにより調査が進められることとなった。観光シーズンにあたる8月には、住民による調査の成果に基づきカラコルム博物館において1カ月間の展示を開催し、住民による解説を実施した。

２０１６年の取り組みにおいては調査の実施から展示の開催、解説に至るまで住民が主体となるよう心がけた。展示資料の多くは住民が収集したものであった。自ら調査をしているため解説も積極的に行い、見学者との交流機会が増えたことで、見学者の要望を捉えて追加資料を持参するなどの積極性も芽生えた。住民らの調査を統括したのは、モンゴル側協力者である地元の専門家らであった。彼らは月に1度住民を招集して研究集会を開催し、調査の進捗状況を確認し、参加者間で情報を共有して今後の調査方針を決定していた。２０１６年の取り組みにおける清水の役割は、2カ月に一度現地に赴きワークショップを開催してプロジェクト全体をとりまとめていくことであり（写真3）、調査といえば展示内

写真3　ワークショップの場面

容補足のために若干の聞き取り調査や文献調査を実施した程度であった。

２０１６年の展示（写真４）は見学者から「大変フレンドリーな解説！」と好評を得ただけでなく、外国人観光客を案内するガイドからも「私たちがお客さんに説明したいと思っていたことがここにある」との評価を得た。また、カラコルム博物館のホームページでこれまでの取り組みに関する記事を掲載したところ、取り組みを評価するコメントが多数寄せられた。それを受け、館長が博物館予算によりこの取り組みを来年も継続することを決定した。これまでの二期は清水が助成金を獲得して実施してきたものであるが、今後はモンゴル側協力者として協働してきた地元機関である世界遺産管理事務所とカラコルム博物館が予算を確保し、真に地域の事業として活動を継続していく方向で調整が進められている。

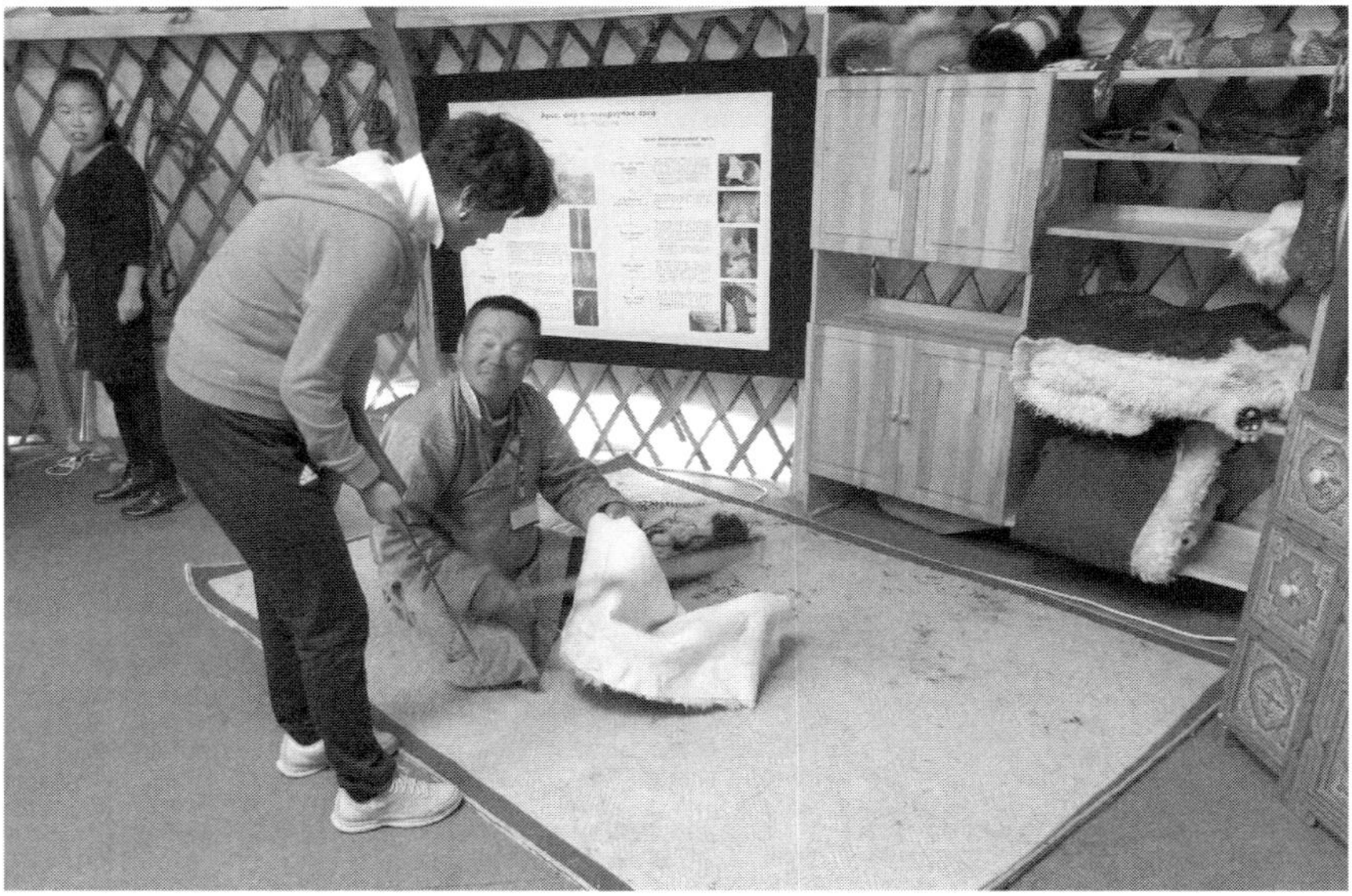

写真４　企画展「ハラホリンの文化遺産」
羊皮のなめし方について実演解説する住民.

世界遺産のグローカル化

世界遺産は普遍的価値を有している。しかし、その価値は唯一のものではなく、遺産の持つ価値はじつに多様なものである。相容れない価値もあるが、われわれ文化遺産の研究者や専門家は、最も遺産の近くで生きる地域の人びとが遺産に見出す価値にもう一度目を向けてみる必要はあるだろう。われわれが依って立つ普遍的な価値あるいは学術的な価値と、地域的な価値とが可能な限り共存できる管理方法を探求することが、文化遺産の保存活用に繋がると考えている。

また、地域参加型を掲げた2年間の実践では、外国人であり研究者として現地に立つ自分に「できること」と「できないこと」、「すべきこと」と「すべきでないこと」を認識し、ソトの人間である自身の立ち位置を意識した行動が常に求められた。ここで紹介したような住民参加型の文化遺産保護を実践していくうえでは、住民、地元の文化遺産関係者、専門家が持つ異なる知識や力を意識し、互いの強みと弱みを理解し、信頼し合って各々の役割を果たしていける有機的な関係性の構築が肝要であると思う。

文化遺産と博物館

（1）博物館力の向上

山口は２０１４年からカラコルム博物館の博物館力の向上を目的としたプロジェクトを進めている。博物館力とは、博物館の主要な機能である博物館資料の収集、整理、保存、研究、展示、教育、普及の力の総称として用いる。

プロジェクトの内容は、博物館職員に対してワークショップを開催し、所蔵資料の整理方法や見方、所蔵資料のデジタルドキュメンテーションとその活用方法を伝え、さらにヴァーチャルミュージアムの構築などを実施するものである。

先述の清水のプロジェクトにあるように、博物館は住民と文化遺産をつなぐ核となる可能性がある。そこで博物館力をより一層高め、その可能性を高めようとするのが山口のプロジェクトの狙いである。またこの問題は、カラコルム博物館に限ったものではなく、他の多くの博物館（モンゴルの行政区画は1市21県であり、それぞれ県庁所在地に県立博物館がある）が直面している問題でもあるため、本プロジェクトはそれら他の機関にも寄与する可能性がある。

ちなみに山口は清水とは違い、モンゴル語が堪能ではない。挨拶ができる程度だ。具体的あるいは簡単な話は身振りと拙い英語で話し、抽象的あるいは複雑な話は日本で文化財学を学んだ研究者を介してやりとりをしている。しかもカウンターパートは首都ウランバートルに所在し、モンゴル国全土の文化遺産の保護・管理と、地方博物館・資料館への指導を担う国立文化遺産センター（以下、文化遺産センターと略す）だ。

その理由は、単にモンゴル語の勉強不足という以外にもある。山口のモンゴルでのプロジェクトは大きく三段階に分けている（文末の山口による報告を参照）。第一段階は、文化遺産センターとの共同調査を通じた文化遺産デジタルドキュメンテーションの教育普及と理念の共創である。この第一段階によって、モンゴル国での文化遺産調査時の記録方法の指針を作成する際の土台を作ろうとしている。第二段階は、文化遺産センターと協力して博物館や大学、研究機関に第一段階で得た知識や技術を伝える。第三段階は、それらのデジタル記録の成果を広く一般に発信し、公開する。この第三段階の情報発信の核となるのが博物館だと捉えている。

カラコルム博物館で進めている博物館力の向上を目指すプロジェクトは、この第二段階と第三段階を実行するものと位置づけている。そして当然だがこのようなプロジェクトは一朝一夕に効果を上げられるものではなく、長い年月が必要だ。そのためにも継続的に地方の博物館に協力できる文化遺産センターをカウンターパートとしている。

（2）資料の観察力を養う

カラコルム博物館には計31名の職員がおり、その構成は館長（1名）、運営サービス部門（19名）、研究展示企画部門（6名）、収蔵庫・データベース部門（5名）である。原則的に地元住民を雇用しているが、職員の博物館資料に対する基礎知識が浅く、取扱いや調査研究手法について理解が不足している部分もある。だがそれは単に職務に対する興味がないとか、誇りを持たないという理由ではないように思う。博物館の勤務時間や収入を他の遊牧や農業・商業などと比較することは、それぞれの生業に季節性や流動性があり、かつ詳細な調査が実施されていないので容易ではないが、博物館の職は集落には少ない通年の仕事であることは特別な要素といえる。給与は国の規定にあり、決して高収入とはいえないが、国の機関であり、学術的な機関であること、そしてきれいな建物で働いていることに対して職員は誇りをもっているという。しかし、モンゴルには日本のような学芸員資格制度に相当するものが高い水準では整備されていないので、先述のような課題が生じる。

カラコルム博物館には、オルホン渓谷一帯とその周辺地域の遺跡から出土した遺物や遺構が展示されているのだが、十分に生かし切れていない。今後も資料は増加し、展示の変更や収蔵資料の記録作成や展示解説の更新などがあるため、資料の観察力向上は必須である。そこで博物館職員向けに主に土器資料を用いて資料観察のワークショップを開催し、収蔵資料の見方、いわゆる実測図の書き方、観察所見の作成方法などを伝え、職員自らが資料を手にとって観察し考える機会を設けた。

するととくに展示解説を担当する職員らのなかには「今回初めて学術的な視点でじっくりと資料を観察した」、「展示解説の内容はこのような観察の結果をふまえていることを初めて知った」と言う人もいるくらいのインパクトがあった。彼ら彼女らは解説内容を暗誦できるほど熟達しているのだが、解説内容が一体どのような根拠によって作成されたか、じつは深く理解できていなかったことがあらためて浮き彫りとなった。

ワークショップ終盤に実施した参加者がワークショップ内容の感想を述べる場面では、「今後も博物館職員で継続して定期的にこうしたワークショップを開きたい」、「自分が解説してきた資料についてこれまでよりも詳しく知ることができた」「またこうした機会を作ってほしい」などという意見があり、一定の成果を挙げることができた。しかし、当然ながら1回2日間のワークショップでは伝えきれないことも多く、習熟には達することができない手法も多々あり、理解が浅い部分もある。したがって少なくとも4～5年の期間でカリキュラムを組み、内容の濃いワークショップを計画する必要があると考える。

（3）デジタルミュージアムの構築

冒頭に述べたとおり、カラコルム博物館は首都ウランバートルから車で5～6時間の距離にあり、アクセスが容易とはいえない。半日かけて博物館を訪ねても残念な内容だったら、と想像すると訪問を躊躇する人も多い。ならば、訪問せずとも予め博物館の雰囲気や展示の概要を知ることができれば、そんな便利なものがあれば安心して来館してくれるかもしれない。また遠方から時間をかけて来館してくれたとしても、展示物の多くは展示ケースのなかに収蔵されている。だからたとえばこの金の貨幣の裏側はどうなっているのだろう？などと思っても、自分の好きな角度から展示資料を見ることができない。あるいは展示スペースは限られているので、自ずと展示物の解説にも字数制限がある。展示物について動画や写真をまじえて解説したい場合もある。資料をただ展示するだけではなく、より来館者が楽しめるような双方向的な展示を導入する工夫を必要としている。

これらの課題は、カラコルム博物館だけでなくモンゴルの地方博物館すべてが抱えるものだ。さらに言ってしまえば、日本の多くの博物館が抱える課題でもある。そこでこの課題を解決するため、デジタルミュージアム構想を進めている。具体的には、カラコルム博物館館内の主要展示箇所について、３６０度パノラマ画像を作成し、それらをウェブサイト上で閲覧できるカラコルム博物館ヴァーチャルツアーを作成した（http://kharakhorummuseum.mn/）。このヴァーチャルツアーを訪れることで、カラコルム博物館の雰囲気や展示物の概要を予め知ることができる。

また、収蔵資料の数点を3次元デジタル記録して3次元モデルを作成し、館内のタブレット端末で閲覧できるようにした（写真5）。この仕組みによって、展示ケースのなかに収められ、決まった角度からしか観察できない資料を目の前にしながら、デジタル資料ではあるが観察者の見たい角度や大きさで自在に観察できるようにした。現在、この3次元モデルとヴァーチャルツアーを組み合わせたデジ

写真5　タブレット端末で閲覧した収蔵資料
モンゴル初発見の壁画古墳から出土した鎮墓獣.

タルコンテンツを整備する計画を進めている。

さらに、これらのデジタルミュージアム構想実現のための各種の手法は、カラコルム博物館の招聘を受け、ワークショップを開催して博物館職員に伝えた。するとワークショップに参加した職員からは、自分たちが残し伝えたいと思う地元の風景や文化遺産を今回知った手法を使って記録し、発信したいと言う声もあがった。加えて、モンゴル各県に設置されている県立博物館を指導する役割も担う文化遺産センターからは、全県の学芸員が参加して同様のワークショップを開催したいとの要望もあがった。それらの声や熱気にデジタルミュージアムが文化遺産と博物館と人を結ぶメディアとなる可能性を感じた。もちろん、実現には費用の問題があるだけでなく、前述の資料観察力を養うワークショップ同様、一回や二回では知識や技術は浸透しないのは当然だが、継続的に実施することでより理念（なぜデジタルミュージアムを構築するか）をも共創していくことができると考えており、皆の手によって実現できればと強く願っている。

現状の課題

以上、清水は住民参加型の文化遺産保護活動を、山口は博物館力の向上をテーマとした取り組みを紹介した。この取り組みを進めて新たに見えてきた課題は、プロジェクトの持続性と、現地の人びとと信頼関係を構築することだと考える。

プロジェクトの持続性は、資金的な問題と人的資源に起因する。少なくとも3～5年はプロジェクトを継続したいが、学術的には基礎研究でもなく応用研究とも言い切れない、しかも定量的な成果は表しにくいプロジェクトは、継続が綱渡りな状況に陥りやすい。近年、清水は財団と科研費の助成を、山口は科研費の助成を受け実施したが、確実な継続性は今のところ担保できないでいる。また、モンゴルでは専門的に高度な知識や技術を得ると、多くの人が首都ウランバートルへ移住し職を得ようとするので、地方の博物館で人材育成を図ってもその博物館に定着しないことがしばしばである。中央機関の人材は厚くなるのだから無駄では無いにせよ、教育普及の高い壁となっている。

フィールドワークが結ぶ

ところで山口はカウンターパートである文化遺産センターの研究者に、「なぜこんなプロジェクトをするのだ？」と聞かれたことがある。「なぜ発掘調査して何かを明らかにするのではなく、これまで誰も注力してこなかった文化遺産の記録と活用方法の教育をするのか」と。「モンゴルには多くの重要な遺跡があり、さまざまな国から多くの研究者が発掘しているけれど、その記録内容は、その遺跡を発掘した以外の人がもっと詳しく知ったり、その遺跡を保存保護したり活用するには、今の記録方法によるものだけじゃ十分とはいえないよね。それってもったいないよ。ただ、日本の記録方法が最良とは限らない。だから、モンゴルに合った記録方法を皆で考え共同調査を通して伝える」と答えた。それ以来、その研究者とはなんだかより密接にコミュニケーションがとれるようになった気がしている。

フィールドワーカーが見知らぬ土地で調査するには（あるいは良く知った土地でも）、現地の人びとと信頼関係を築いていく必要が何より重要だと思う。その際には他者を理解しようと寄り添う気持ちを持ち続けることが何より大切だと彼に教えられた。と、こんな風に書くと最初から順調に調査が進められてきたような印象をもたれるだろうが、そんなことはまったくない。文化遺産センターと文化遺産のデジタルドキュメンテーションに関する共同プロジェクトを始めた２００８年当初は、お互いの考えや習慣が違うことを深く理解していなかったり、意思疎通が不足していたりで計画通りには進まないことがたびたびあった。それから約10年の互いの経験と反省をふまえて、先述のカラコルム博物館でのプロジェクトがある。

もしかすると筆者らのプロジェクトでは、ワークショップの場やデジタルミュージアムの構築などを文化遺産と人を結ぶメディア（媒体）と位置づけることができるかもしれない。そしてプロジェクトにかかわる人びとの結びつきも次第に広がり深まっていくとすれば、その意義は十二分にあると思う。

＊本稿で紹介した清水の研究は、２０１５年度はトヨタ財団、２０１６年度はユニベール財団からの研究助成を受けて実施した。また山口の研究は、JSPS 科研費 JP26870764 の助成を受けた。

参考文献

・清水奈都紀（２００７）モンゴル国における文化遺産と地元住民、「日本考古学」第24号、pp.97-105.
・清水奈都紀（２０１６）文化遺産マネジメントへの住民参加に関する一考察：モンゴル国ハラホリン郡の事例から、「遺跡学研究」第13号、pp.142-147.
・小長谷有紀ほか編（２０１３）「国立民族学博物館調査報告115　モンゴル国における20世紀（３）」人間文化研究機構国立民族学博物館.
・YAMAGUCHI, Hiroshi (2016) Humanr Resource Development in the Field of Digital Documentation of Cultural Heritage in Mongolia. *The Eighth World Archaeological Congress Book of Abstracts*, pp.195-195.

10 ケニアの人びとの暮らしや歴史を、独自のメディアで表現する

フィールドワーク、アート、テクノロジーの関係

野口 靖
NOGUCHI Yasushi

初対面の青年と同じベッドに寝るの？

車を降り立った時、月明かりでかろうじて見えたに過ぎなかったが、暗いなかにも美しい風景が広がっていることがはっきりとわかった。緑の丘の上に小屋が点在している。そこには豊潤で肥沃な大地が広がっていた。普段、四六時中パソコン画面を睨んでいる私には、まるで映画のなかの一場面を見ているかのようで、あまり現実の風景には感じられなかった。そもそも、自分自身がケニアのルオランドに来ていることさえ不思議だった。

初めてのケニアのルオランドでは、思い出深い出来事が多くあったが、頭のなかの映像としてとくに強く残っているのは、このオユギスという街の近くにあるルオ人集落の景色だ。人類学者の椎野若菜さんに同行して、彼女の友人の実家を訪れた２００９年夏のことだった。

その日は、ナイロビを午前中に出発し、車で10時間以上走ってやっとケニア西部のオユギスに到着した。バブーという20代ぐらいの青年が道案内として同行してくれた。当時ナイロビに住んでいたバブーはオユギスの訪問先の家庭の息子なのだが、里帰りするための交通費を節約したいということも

あったのだろう。

オユギスに到着した後、その家庭の主人が温かく迎えてくれてしばらく話したのだが、時間も遅くかなり眠かったので、「早く寝たいな……」などと不謹慎なことを考えていた。

1時間ぐらい経っただろうか、そろそろ寝るかという雰囲気になり、やっと寝られると思ったのだが、そこで予想外のことが起こった。ダラと呼ばれる居住区域には母屋の他に離れがいくつも点在している。訪問先の家庭には5～6棟ぐらいあっただろうか（写真1）。バブーがそのうちの一つに案内してくれたので、私はベッドに潜り込んだのだが、ふと横を見ると同じベッドでバブーが寝ている。「え、このままほぼ初対面の男の隣で寝るの？」としばらく理解できなかったが、彼が出ていく様子もないので、諦めて寝てしまった。あとで聞いてみると、この地域では普通のことらしい。フィールドワークの経験が豊富な方なら驚くことでもないだろうが、私のような経験のない人間にとっては、衝撃を受ける出来事だった。

しかし、一方で、私はこのような異文化体験に浅薄な好奇心を抱き期待していたのも確かだった。

ケニアの時空間を可視化

普段、大学でソフトウェアの研究開発に携わり、一方で美術作家として活動している私がなぜケニアに来たのかと問われると、ある意味偶然の重なりがきっかけだったようにも思う。もともとは宿泊していた京都の宿坊で椎野和枝さんと偶然知り合い、その会話のな

写真1　訪問先の家庭の敷地
小屋が点在している．

かで人類学者の娘がいることを聞いたのが、椎野若菜さんを知ったきっかけだった。

当時、私は「時空間マップ」というソフトウェアを開発していた（図1）。２００８年前後はGoogle Earth やそのストリートビューが世界を席巻していたころで、その衝撃は計り知れないものがあった。Google Earth（および Google Maps）は全世界の地理情報をすべて網羅することを目的としていたが、その圧倒的な物量と資金によるプロジェクトを目の当たりにして、私にはなにか「悔しい」という感情があった。やはり個の力は大資本の前には無力なのか、という敗北感である。だがここで、私は何か地理情報という点で社会的意義のある「個のメディア」を作り出せないかと模索し、狭く深い情報を扱うことによって Google Earth とは違うメディアを作り出せないかと考えた。そして、時間情報をレイヤー状に地層のように表示する「時空間マップ」を構想したのだ。

この時空間マップソフトは横から見ると年表

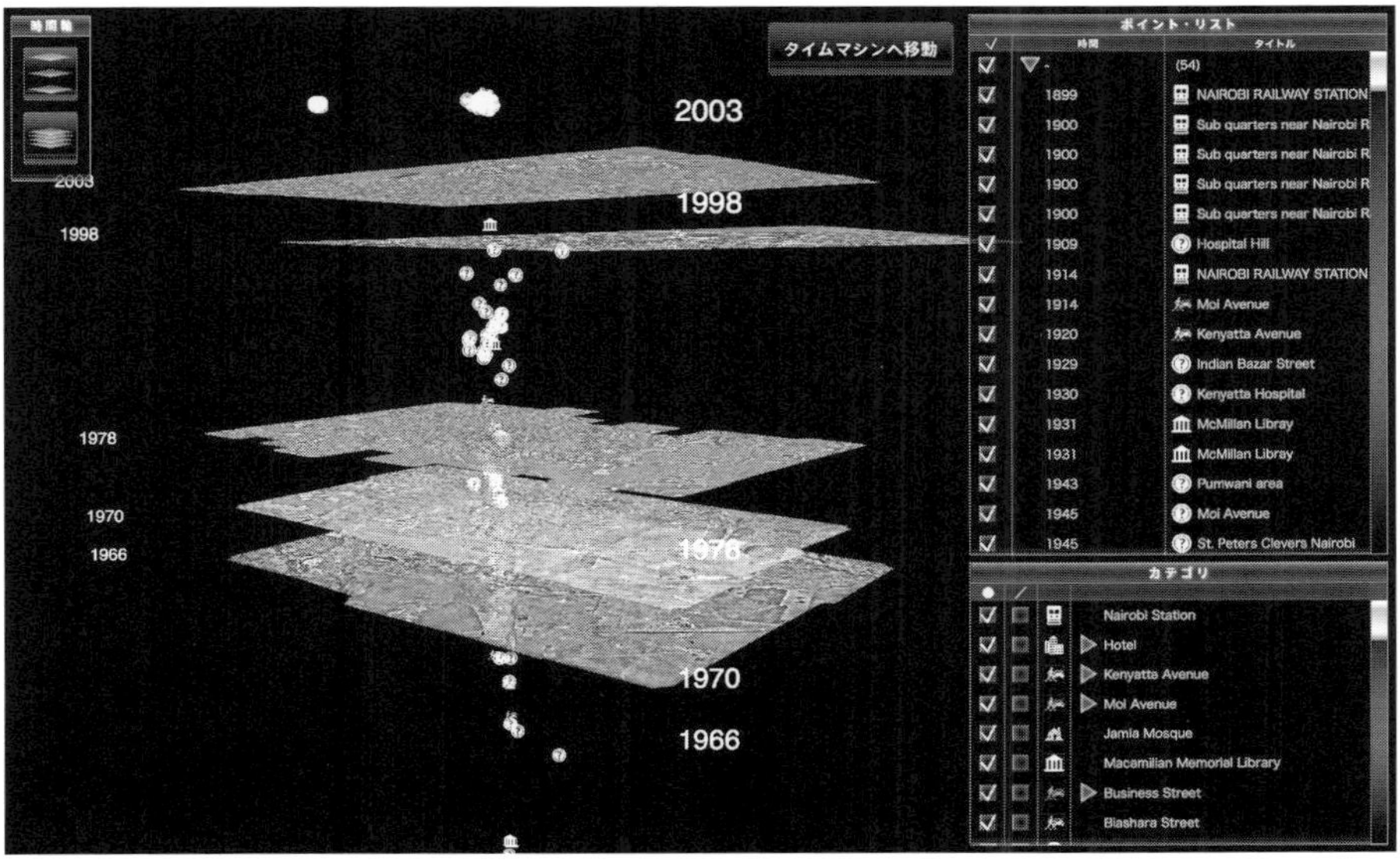

図1　時空間マップの画面
画面内では，ナイロビの航空写真が年代別に層状に重ねられている.。

で、上から見ると地図という独特の構造をしている。独特の構造といっても、1960年代の時間地理学という地理学の一分野の概念に非常に近いので、この時間地理学の考え方をソフトウェアに落とし込んだものだともいえる。この時間地理学の利点は、時間情報と地理情報を持ったデータを構造化・視覚化しやすいというところにある。

この構造のマップにどのような情報を表示すると意義があるかを考えたとき、歴史学、考古学、人類学などの研究成果が有効なのではないかと予測した。しかし、普段ソフトウェア開発をしている私にはそれらの分野に人脈がなく、偶然にも椎野さんという社会人類学者と関係ができたのは幸運としか言いようがなかった。

幸いにも椎野さんがこのソフトウェアに興味を持ってくれて、まずは彼女の研究成果をこのソフトウェアに反映してみようか、ということで共同研究が始まった。共同研究を始めたときには方向性が明確だったわけではないが、近年注目されているデータ・ビジュアライゼーション（データの視覚化）や、メディアアートなどの分野が人類学と融合できれば、新しい学術的データのプレゼンテーションが可能になるのではないかという直感がお互いにあったのだろうと思う。

しかし、そもそも人類学には興味はもちろん憧れを抱いていたとはいえ、フィールドワークの経験が皆無である私には、何をどう始めたらいいのかわからない。椎野さんの調査地であるケニアはおろか、アフリカ大陸にも行ったことがない。これではまずい、私の主な役割はソフトウェアを開発することかもしれないが、現地を体験してからでないと始まらない。また、ケニアは私にとって未知の国であり、この日本から遠く離れた地は日本や他国とどれだけ違うのか、という単純な知的好奇心もあった。こうして、２００９年の夏にケニアを初めて訪れるのだが、人類学のフィールドワークについてまったく知識がなかった私は、椎野さんを頼ってついていくだけが精一杯だった。

初めてのフィールドワーク

この滞在では、私たちは二つの目標を掲げていた。一つはナイロビの歴史的な風景写真を集めて時空間マップに落とし込むこと、もう一つはケニア西部のルオランドにある歴史的遺物であるオインガ（石垣の居住跡）を記録することである。

まず、首都ナイロビに2週間程度、準備のために滞在し、時空間マップのための地図資料と歴史的風景写真を収集し始めた。時空間マップは、年代の違う地図や航空写真を階層上に並べる仕様が特徴なので、まずは旧地図か航空写真を手に入れることが可能かを調査し始めたところ、どうやら日本の国土地理院に相当する、Kenya Institute of Surveying & Mappingという機関にあるらしいということがわかった。この機関と交渉を重ね、結果的に旧地図は閲覧することはできたものの入手することはできなかったが、航空写真は入手することに成功した。

旧地図を閲覧するためにこの機関を訪れた際、地図情報は国家にとっては機密情報でもあるので、機関内で厳格な管理下に置かれていると勝手に想像していたのだが、その想像は見事に裏切られた。地図は保管庫のなかだけではなく棚の上などに無造作に重ねられていて、整理されている様子もなかった（写真2）。しかし、担当者はそんな地図

写真2　**Kenya Institute of Surveying & Mapping**の資料室

の山から的確にこちらが求める地図を出してくる。この担当者の頭のなかでは整然とこれらの地図が整理されているのだろうか、と驚くばかりであった。

航空写真に関しては、やはり首都ナイロビは英国から独立した１９６３年以降もそれなりに撮影されていて、１９６６、１９７０、１９７８、１９９８、２００３年の航空写真が存在していた。また、椎野さんの調査地であるニャンザ州のホマベイ地区やコボド地区の写真も、70年代までのものは存在していた。おそらく最近の写真がないのは、これらの地域にはほとんど変化がないからなのだろう。

また、旧地図・航空写真の収集と並行して、歴史的風景写真の収集も行った。しかし、ここですぐに大きな問題に直面した。ケニアには基本的に古い写真があまり存在しないのである。もしくは、存在したとしても撮影された場所や時期がわかる写真が非常に少ない。ケニア人にとってアーカイブという概念は非常に希薄だった。まさに、「今を生きている」ということなのだろう。しかし、この事実はアーカイブを視覚化しようとする人間にとっては致命的な障壁となる。本来なら、資料は何らかのテーマに従って収集していくのが定石だが、そもそもその資料自体が非常に少ないことから、方針を転換してともかく歴史的な写真で場所と時期がわかるものを集めることから始めた。

その後、根気よく調査を進めていくと、徐々にさまざまな機関にナイロビの歴史的風景写真が存在することが明らかになってきた。最終的にはケニア国立博物館（National Museum of Kenya）、ケニア国立アーカイブス（Kenya National Archives）、報道機関の Nation Media Group などからケニア人ＧＩＳ研究者、チャールズ・ンデグワ氏の助けを借りながら写真を入手し、私たちが撮影した現代の風景写真とあわせて２００枚弱の歴史的風景写真が集まった。

さらに、これらの作業と平行して、コボド地区周辺での調査を行った。ここでの調査は、椎野さんが長年行っている「ケニア・ルオの居住形態の変遷」を、時空間マップを利用して視覚化していく試みの準備だった。

近年、ケニアの村落地帯はグローバル化にともなう大きな変化の途にあり、村に散在する歴史的遺物のオインガ（写真3）を保存および維持することが難しい状況だ。また、ダラと呼ばれる植民地化以降の伝統的居住形態も近代化によって大きな変換の時期にある。このことから、オインガからダラに至る時系列的な変化を、風景写真や関係者からの聞き取り調査によって記録、保存しようというのがその狙いだった。

まずはオインガそのものを撮影していった。オインガは歴史的価値に無頓着な周辺住民が、石垣の石を次々と持っていってしまうため、年々その形が崩れつつあると言われており、とにかくまずはその様子を記録しておくだけでも資料として価値があると思ったからだ。

なかなか根気のいる仕事だったが、それでも現在の資料に関しては、GPSカメラなどの最新技術のおかげで、写真を撮ることができるだけでなく簡単に位置情報や日付も記録できた。しかし、問題は過去の資料で、オインガの過去の写真はほぼ皆無と言ってよく、視覚的な資料は存在しなかった。そこで、オムシという高齢の村民に昔の話を聞くという、オーラルヒストリーの手法をとることになった（写真4）。

写真3　オインガの撮影
写真に写っている男性は，椎野さんの調査を長年手伝っているオチエン．

写真4　インタビューをお願いしたオムシ
2011年に95歳で永眠．

この研究は現在まだ継続中だが、視覚的な資料が乏しい地域のアーカイブとして、オーラルヒストリーは有効であり続けるだろう。私が開発に関わった時空間マップソフトを使った事例で「東京大空襲証言映像マップ」（東京大空襲・戦災資料センターとの共同研究）があるが、この作品では空襲体験者の語りが、その事象が起こった場所と時期を基準にして分節化された映像としてソフトウェア上に展開されている（図2）。もちろん、ケニアと日本では状況は異なるが、当事者による「個の語り」が歴史の証言として重要なのはどの地域でも変わらないと考えられる。

コンパクト・ハウス・プロジェクト

ケニア滞在を何度か重ねるうちに、私たちの研究計画のなかに村落の歴史的変化と目覚ましく変化する都市の変化の様子をパラレルに捉え認識するには、どう表現できたらよいかと考えるようになった。それにしてもナイロビの人口増加とそれ

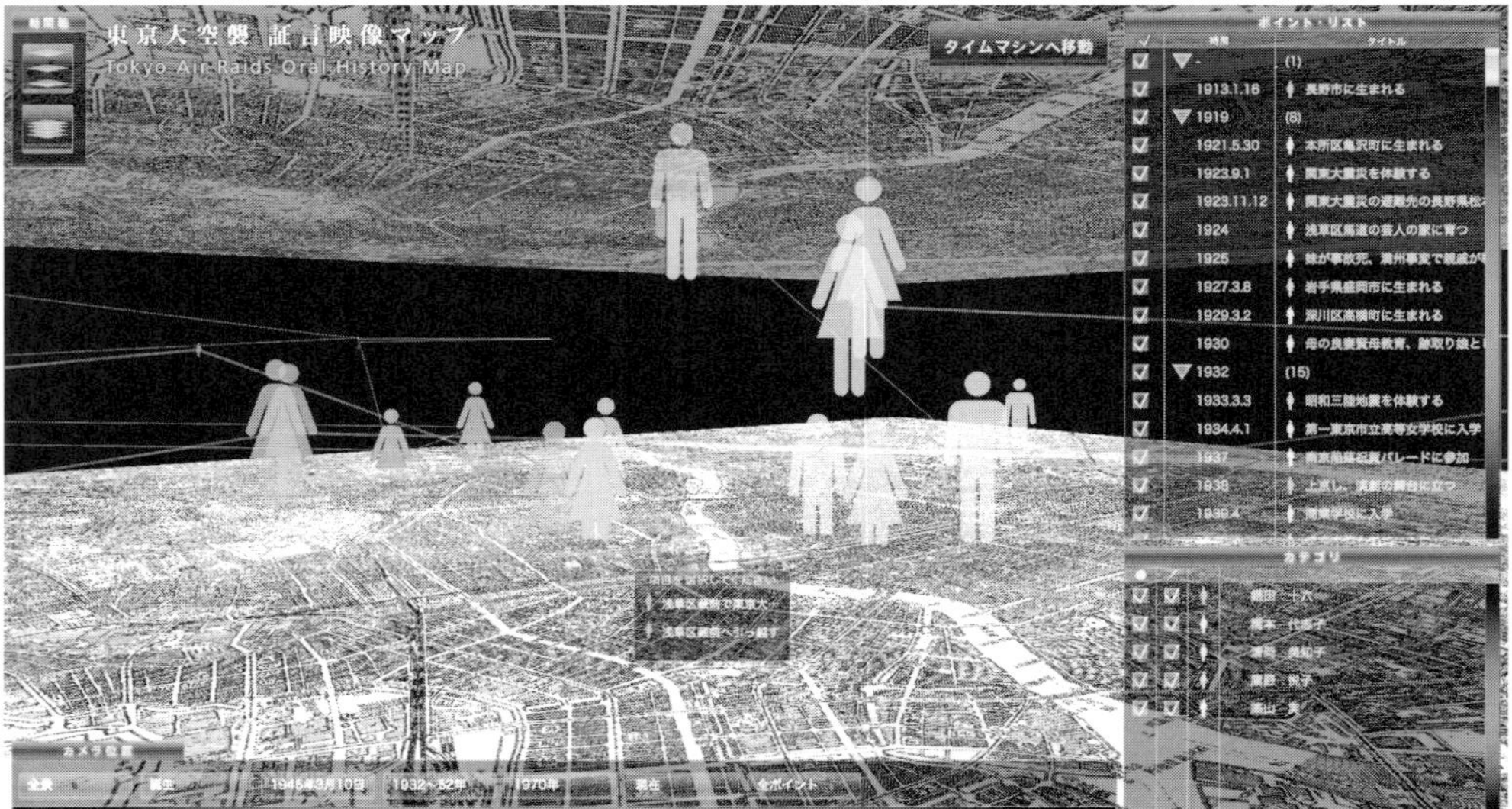

図2　東京大空襲証言映像マップ　　制作：山本唯人・早乙女 愛・野口 靖.

にともなうスラムの増加と拡大、という都市そのものの変化があまりにも激しいことから、「スラムの時系列的な拡大過程の視覚化」も研究トピックに加えられることとなった。彼らの暮らしを支えている「居住空間」、とくに拡大し続けているスラムへの興味が大きくなっていったのである。

世界でも有数の巨大スラムとされる、ナイロビのキベラ・スラムを訪れることにした。初め私が抱いていたスラム住民のイメージは、「劣悪な衛生環境のなかで、悲惨な状況に耐えて生活する人びと」という非常に偏ったものだった。しかし、実際に訪れて感じたのは、住民が醸し出すある種の楽観的な雰囲気である。キベラのなかには食料品店、服飾店、理髪店、電化製品店など、生活に必要な施設はすべて揃っており、この地域内で人びとの生活は完結している。また、ナイロビの60～70％の人びとはスラムに住んでいるという報告もあることを考えると、多くの人びとにとってスラムの生活の方が、一般的な日常の環境だといえる。そして、この調査を続けているうちに、私はケニアの歴史よりもスラムに暮らす人びとがどのような過程を経て現在の居住空間で生活をしているのかという点により興味を抱くようになった。俯瞰的な歴史よりも個々のライフヒストリーを掘り下げてみたくなったのだ。さらに、多くの家庭を訪問することによって、限られた居住空間を工夫して生活のために利用する彼らの「創造性」にも興味を持つようになった。

スラム住民の暮らしに興味を持ったのにはもう一つ理由があった。２０１１年の東日本大震災から5年以上が経過したなかで、ひどく気になる現象を経験したのである。震災直後の停電や原発事故を契機として、エネルギー問題が盛んに議論された。太陽光、地熱、風力などの再生可能エネルギーの可能性も検討され、一人一人が今までの生活スタイルを再考し、持続可能な社会を目指す機運が高まった。しかし、現在はそのような考え方は日本で暮らす人びとの頭のなかから消えてしまい、あたかも震災前の消費社会に逆戻りしてしまったかのようだ。

このような日本での経験をした上で、キベラ・スラムにおける人びとの暮らしを眺めてみた。彼らは日頃から無駄な消費をしないようにコンパクトな暮らしを徹底している。その生活のなかでも、私は居住空間の利用方法に興味を持った。この地域の居住空間は床面積が幅３m×奥行３m前後の単位であることが多く、そこに5人以上で住んでいることもあるのだが、彼らはその居住空間を見事なまでにうまく分割してそれぞれの「快適な」スペースを作り出している。松田素二は『都市を飼いならす―アフリカの都市人類学』のなかで、出稼ぎ移民がスラム内の居住空間のなかでしたたかに生活するタフさを描いているが、私自身もまったく同じ印象を受けた。少なくとも現代の高度に都市化してしまった日本では見ることが難しい人びとの生活だ。

また、２００７年に森美術館で、ル・コルビュジエが設計した小さな休暇小屋（カップ・マルタン）の実寸模型を体感したとき、世界的な建築家の別荘がこんなにも小さいのかと驚嘆したが、よく考えてみれば彼にとってこの床面積が幅３・66m×奥行３・66mの空間は必要最小限で、なおかつ心地よい空間だったのかもしれないと思えてくる。

これらの経験から、私は「どこまで無駄を省いた空間で人は幸福に暮らせるのか」ということが気になるようになった。そして、アメリカ発信のタイニーハウスムーブメント（小さい家運動）にも興味を持つようになった。リーマンショックをきっかけとして、一戸建購入のために長期間の住宅ローンに縛られるような生活を見直し、「シンプルな暮らし」を実践することを目的としたムーブメントだ。確かにタイニーハウスの方が、建材も光熱費も浪費しないことから環境への負荷も少ない。東日本大震災直後の日本の人びともこの思想に近いものを持っていたといえるだろう。そして、現在の日本でも千葉の一地域でタイニーハウスを作って生活している方々がいることを知り、彼らが小屋生活を始めた動機や彼らの実際の生活に関心を持った。さらに、イギリス、アメリカなどで流行の兆しを見せているマイクロアパートメント建築のムーブメントにも注目した。このマイクロアパートメント建築では、都市への一極集中、過密化は現実として受け入れ、その過密化した都市環境でいかに快適に暮らすかが大きなテーマとなっていることがうかがえる。現代人は全世界的にコンパクトに暮らす方法を試行錯誤する時代になっているということができるだろう。

このような問題意識から、私はナイロビのスラム、イギリスの集合住宅、日本のタイニーハウスで暮らす人びとへのインタビューと居住空間の撮影を順次行うことにし、このプロジェクトを「コンパクト・ハウス・プロジェクト」と名づけた。まずナイロビのキベラ、カンゲミ、クワングワーレ、マザレなどで調査した際には、それぞれの住民がどのような過程を経て現在の生活に至ったのかを、ビデオインタビューの形で記録し（写真５）、さらに、部屋の空間を３６０度パノラマカメラによって撮影した（写真６）。

写真５　ナイロビのカンゲミスラムにて
スラムのなかでもゲートのあるセキュリティのいい住まいで自活し一人暮らしする青年が，彼の故郷の魚料理をつくっているところ．椎野若菜撮影．

写真 **6**　パノラマカメラで撮影した全方位写真

この2種類の記録は、最終的には映像として並置された形の一つのアーカイブになる予定だ。人びとの語りと居住空間を仮想体験することによって、「居住空間とそこに住まう人びとのリアリティ」を体感できる作品にしたいと考えている。

ケニアにおいてデジタルアーカイブを作る意味

現在進行中のこれらの研究については、今後なんらかの形で研究成果をケニアで発表することによって地元に還元したいと考えている。

私は、人類学者と協働しながら、ケニアの人びとの歴史や暮らしを先端テクノロジーを利用することによって独自のメディアとして表現し、記録・保全することを目指してきた。これらの活動は、「個人が作り出すメディア」の意義を模索することだといえる。マスメディアやインターネットメディアが俯瞰的な視点を持って事象を評価するのであれば、私たちは独自のメディアを構築することによって、俯瞰的な視点からはこぼれ落ちる個々の事象を集めて提示する。このことによって、統計や社会調査などでは見えてこない、ケニアの人びとの「リアル」な姿が映し出されるのではないかと考えている。

しかしながら、アウトリーチ（研究成果の公開活動）にあたっては、現在のところ、乗り越えるべき壁がまったくないわけではない。とくに、２０１４年のケニア国内における家庭でのコンピュータ普及率が12・3％という状況下で時空間マップやコンパクト・ハウス・プロジェクトを発表したとして、よりよい近代的な暮らしを追及することに忙しいケニアの人びとが歴史情報のアーカイブに興味を持ってくれるのかという不安や、西洋発信の、美術館などにおけるアート作品展示、鑑賞といった行為が一般的ではない国内事情も、私たちのプロジェクトの認知度向上への障壁となりうる。

　また、展示という形式をとった場合のセキュリティやメンテナンスの問題も、現時点では不透明である。しかし、ケニアでの携帯電話の普及率が２０００年には０・41％だったのが２０１５年には80・68％に跳ね上がっていることからもわかるように、この国の情報インフラは急拡大している。この情報技術の成熟に伴い、デジタルアーカイブの社会的意義の認知度もおのずと上がることが期待できる。

　今後も、ケニアにおけるデジタルアーカイブの発展を注視し、過去・現在・未来の記録や歴史的遺産の保全に寄与する活動を続けていきたい。

参考文献

・荒井良雄・岡本耕平・神谷浩夫・川口太郎（１９９６）『都市の空間と時間――生活活動の時間地理学』古今書院．
・椎野若菜（２００８）『結婚と死をめぐる女の民族誌――ケニア・ルオ社会の寡婦が男を選ぶとき』世界思想社．
・椎野若菜（２０１６）民族誌の表現、共有、還元?――アフリカの事例からの素描、白川千尋・石森大知・久保忠行編『多配列思考の人類学――差異と類似を読み解く』風響社、pp.291-314.
・野口靖（２０１５）『核についてのいくつかの問い』 http://r-dimension.xsrv.jp/projects_e/some-questions-about-nuclear/（参照 2017-1-23）
・松田素二（１９９６）『都市を飼い慣らす――アフリカの都市人類学』河出書房新社．
・山本唯人・早乙女愛・野口靖（２０１５）『東京大空襲証言映像マップ』http://r-dimension.xsrv.jp/projects_e/tokyo-air-raids-oral-history-map/（参照 2017-1-23).
・African Population and Health Research Center (2014) *Population and Health Dynamics in Nairobi's Informal Settlements: Report of the Nairobi Cross-sectional Slums Survey* (NCSS) 2012. Nairobi: APHRC.
・International Telecommunication Union (2015). *Measuring the Information Society Report, 2015*. International Telecommunication Union.
・Mobile-cellular subscriptions, Time Series by Country (until 2015), International Telecommunication Union. http://www.itu.int/en/ITU-D/Statistics/Documents/statistics/2016/Mobile_cellular_2000-2015.xls（参照 2016-11-13).

編集後記

読者のみなさんは、本書のどこから読んでいただいただろう？ すくなくとも、マスメディアの論理、フィールド研究者のもつ姿勢、考え方、双方が抱える互いにたいする思い、期待、あるいはストレス……そして研究者自身が自分で自分たちの研究成果を発信するメディアをつくりだす具体的な事例、を知っていただけただろうか？

本書をつくるきっかけは、私自身の育った環境にあるといってもよい。私事になるが、私の父は初め映画監督志望だったものの時代はＴＶにうつる直前、ドラマをつくるべくＴＶ局に就職した。だが報道番組のディレクターとして数々のドキュメンタリーを遺すことになった。とにかく現場にむかい、とことん取材をする、現代社会におけるあらゆる事象、「問題」をどんな視点と切り口で取材しまとめようかと、つねに取材ノートに向かっている父の姿をみて育った。家にいれば読書と番組企画や実際の番組の台本書き、また自分で日本古代史を独学していた。取材や編集で家にいないことも多かった。私自身も、父のような仕事もいいな、などとうっすら思っていたものの、やめよう、と思ったきっかけは私が思春期の中学２年の頃の出来事だ。国鉄解体、に関する特別番組の取材をしていた父をリーダーとする番組チームが、ある日突然に解体されたのである。そして、父は何の役職、つまりは居場所もないままに大阪局へ異動となった。詳細は不明であるが、政治的な介入は明らかであり、上からの指示で番組制作のメンバーが交代したのだった。それ以来、父はその意義をみつけづらい単身赴任の数年間を過ごすこととなった。それ以前も、自分がぬくめていた企画が、他の人の手により番組になった件もあったと聞いた。そういった背景を知っていくうちに、私自身は、あのように身を削ってする仕事は、自分独自でやりたいと考え、研究者を志望するようになった。

報道マンの生活は過酷だった。年を通じ企画、取材、カメラマンとの共同作業の連続、そして編集、の繰り返しで、その家族も、少なからず影響される。すでに長寿社会であった日本で、父の時代の報道部の人間の寿命は50歳代だとも言っていた。

「問題」についてどのような切り口で伝えるのか、いかにわかりやすい言葉で表現を重ねていくのか。自分の研究をどう伝えるのか、といった方法、視線という意味でも分野が異なるからこそ、研究者も学ぶところは大きいはずだ。たとえば父の仕事のひとつ、近代都市化する東京の一日を、新宿の京王プラザホテルを日時計にみたてて表現したという70年代に放映の『カメラレポート　巨大な日時計』という新しい試みの番組を、私は見たくてたまらないが、今は残されていない。

映像を使ったフィールドデータの表現については、本シリーズ15巻『フィールド映像術』の編者である分藤大翼、川瀬 慈らが中心となっている映像人類学の分野が日本でもようやく育ってきた。川瀬が設立したメーリングリストにはインディペンデントの映像作家、ＴＶ局プロデューサー、民俗学・社会学・映像人類学の研究者もともにおり、未完成の映像の上映会を実施し、コメントをあおぐ場をもうけ交流が活発化している。社会科学、人文科学の分野では、研究成果の発信方法として専門用語を駆使する論文、長文である著書という今まで行われてきた形式のほかに写真、映像を駆使して発表するという新しいタイプの表現方法が始まってきている。研究成果は研究者にむけてのみ閉じた形で発信すべきでなく、異分野の、一般の人にわかるようにも伝えねばならない。だからこそ、マスメディアにいるジャーナリスト、写真家・映像アーティストらと研究者の出会いと協働は今後も求められると考える。

私たちフィールドワーカーが中心となってFENICSという活動体をつくりだした精神は、「異分野／異業界から学べ」である。フィールドワークの手法、事象への視線やとりくみ、分析の仕方等、分野が異なる研究者・専門家からはつねに新しい刺激、学びがある。だからこそ、新しいものが生まれるのである。だが、最後に強調したいのは、フィールドワーカーは一回ずつのフィールドワークを命がけでくり返し行うからこそプロのフィールドワーカーとなり「現場」を知っている。現地の人びとと場合により「家族」となり、人生をかけてコツコツと調査をしている。そうした人びとから情報を得る際、マスメディアの人びとは自分たちのもつ「権力」に甘んじず、情報の重さを解し対応すべきである。何よりも「情報をとる」だけの姿勢には、「フィールド」（の人びと）について勝手な文脈で報道されてしまわないだろうかと、現地の立場によりそおうとするフィールドワーカーは案じてやまないのだ。

私自身、過酷な報道番組制作者の生活を傍でみてきた境遇から、マスメディアにたいする尊敬と期待がある。政治的権威に対しても切り込めるマスメディアを育てるのも、オーディアンスを始め、直接的にかかわる可能性のあるフィールド研究者かもしれない。これからは研究者もマスメディアもともに、育て育てられる関係性をめざすべきである。

椎野　若菜

参考文献

・椎野禎文（２００１）『日本古代の神話的観想』かもがわ出版.

山口《やまぐち》 欧志《ひろし》　　第 9 章執筆

1977 年生まれ，千葉県出身．**最終学歴**：中央大学大学院文学研究科日本史学専攻博士後期課程単位取得退学．博士（学術，総合研究大学院大学にて）．**勤務先**：独立行政法人国立文化財機構奈良文化財研究所．**調査地**：日本，モンゴル，ウズベキスタン．**専門**：考古学．**主な著作**：Human resource development in the field of digital documentation of cultural heritage in Mongolia, *The Eighth World Archaeological Congress Book of Abstracts*, 2016. **分担執筆**：白山への道，平泉寺への道，『白山平泉寺：よみがえる宗教都市』吉川弘文館，2017 年．**【好きな映像作品】**「大科学実験」NHK エデュケーショナル．

清水《しみず》 奈都紀《なつき》　　第 9 章執筆

1979 年生まれ，大阪府出身．**最終学歴**：奈良大学文学研究科文化財史料学専攻博士前期課程修了．**調査地**：モンゴル国．**専門**：文化遺産学．**主論文**：モンゴル国における文化遺産と地元住民，「日本考古学」第 24 号，2007 年，文化遺産マネジメントへの住民参加に関する一考察──モンゴル国ハラホリン郡の事例から，「遺跡学研究」13 号，2016 年．**【好きな映像作品】**「virtual trip モンゴル 遊牧の地」ポニーキャニオン 2004 年．

野口《のぐち》　靖《やすし》　　第 10 章執筆

1970 年生まれ，埼玉県出身．**最終学歴**：Master of Professional Studies, Interactive Telecommunications Program, New York University. **勤務先**：東京工芸大学芸術学部インタラクティブメディア学科．**調査地**：ケニア．**専門**：現代アート，デジタルアーカイブ．**公式サイト**：http://r-dimension.xsrv.jp　美術作家としては，地域の集合的記憶や隠蔽された社会構造をテーマに，マッピング，デジタルアーカイブなどのプロジェクトを多く手がけている．**主な展覧会出展**：2008 年 SIGGRAPH Asia 2008 出展．2009 年 アルス・エレクトロニカ Honorary Mention 選出．2013 年 第 5 回恵比寿映像祭出展．2007，2015 年 文化庁メディア芸術祭審査委員会推薦作品選出など．**【好きな映像作品】**「ブンミおじさんの森」アピチャッポン・ウィーラセタクン，2010 年，「光りの墓」アピチャッポン・ウィーラセタクン，2015 年．

小林《こばやし》　誠《まこと》　　第 6 章執筆

1980 年生まれ，埼玉県出身．**最終学歴**：首都大学東京大学院人文科学研究科博士後期課程単位取得退学．博士（社会人類学）．**勤務先**：東京経済大学コミュニケーション学部．**調査地**：ポリネシア・ツバル．**専門**：文化人類学．**主な著作**：共著『笑顔の国，ツバルで考えたこと──ほんとうの危機と幸せとは』（枝廣淳子と共著）英治出版，2011 年．分担執筆『景観人類学──身体・政治・マテリアリティ』時潮社，2016 年．分担執筆『世界の食に学ぶ──国際化の比較食文化論』時潮社, 2011 年．分担執筆『私と世界──6 つのテーマと 12 の視点』メディア総合研究所，2011 年．分担執筆『南太平洋を知るための 58 章』明石書店，2010 年．分担執筆『オセアニア学』京都大学学術出版会，2009 年．**【好きな映像作品】**「人間は何を食べてきたか」全 8 巻（ジブリ学術ライブラリ），ブエナ・ビスタ・ホーム・エンターテイメント．1985 年から 1994 年に NHK にて放送．不朽の名作だと思う．

鈴木《すずき》　和歌奈《わかな》　　第 7 章執筆

1981 年生まれ，静岡県出身．**最終学歴**：京都大学生命科学研究科生命文化学．修士（生命科学）．**勤務先**：日本学術振興会特別研究員 PD（京都大学人文科学研究所）．**調査地**：実験室．**専門**：科学技術の人類学，科学技術論．（再生医療の実験室研究により，第 5 回日本学術振興会育志賞受賞）．**主な著作**："The care of the cell" Nature Culture 03(2014):87-105. **【好きな映像作品】**アメリカのドキュメンタリー映画監督のフレデリック・ワイズマンの作品．『パリ・オペラ座のすべて ?』『クレイジー・ホース・パリ 夜の宝石たち』など．ワイズマンは，オペラ座，キャバレー，ボクシングジムなどその奥まで入り込み，細やかな視点で人びとの生活や仕事を映し出している．映像を見ていると，まるで，自分もそこでフィールドワークしているような感覚になる．

後藤《ごとう》　和子《かずこ》　　第 8 章執筆

1958 年生まれ，東京都出身．**最終学歴**：早稲田大学教育学部国語国文科卒．TV ドキュメンタリーディレクター．フリーランスあるいは制作プロダクションに所属しながら，国内外を舞台に 100 本以上のドキュメンタリー番組を制作．代表作：「20 世紀家族の歳月・もやいの海～水俣・杉本家の 40 年～」(2000 年 NHK 放送）で第 27 回放送文化基金賞本賞受賞．**【好きな映像作品】**「明日を掴め 貴くん～ 4745 日の記録～」（1975 年 6 月 29 日，日本テレビ制作・放送）．サリドマイド児の出生から中学入学までを追った長期密着ドキュメンタリー．周囲の偏見やさまざまな困難のなかで成長していく貴くんと，母親の強さを描いた作品．安っぽい同情に陥らない，制作者側と取材対象者の距離感が絶妙．私がドキュメンタリーディレクターを志す原点となった．

村橋《むらはし》　勲《いさお》　　第 3 章執筆

1980 年生まれ，愛知県出身．**最終学歴**：大阪大学大学院人間科学研究科博士後期課程人間科学専攻単位取得退学．修士（人間・環境学）．**勤務先**：京都大学大学院アジア・アフリカ地域研究研究科．**調査地**：エチオピア，南スーダン，ウガンダ，ケニア．**専門**：社会人類学，難民研究，鉄の技術と文化研究．**主論文**：南スーダン難民の生計活動と対処戦略──ウガンダ，キリヤドンゴ難民居住地の事例，「難民研究ジャーナル」第 6 号，2016 年．分担執筆論文：'Traditional Steelmaking in Southwestern Ethiopia: A Metallurgical Analysis' *Nilo-Ethiopian Studies* 14, 2010.【**好きな映像作品**】「ナイロビの蜂」（2006 年日本公開）．平凡なイギリス人外交官が，妻の死をきっかけに，アフリカで製薬会社の陰謀を突き止めていくミステリー・サスペンス．小説を映画化した作品だが，現代的な問題であるグローバルな格差をよく描いており，また，緊張感のある映像と巧みな編集によりサスペンスとしても秀逸な作品．

朝日《あさひ》　克彦《かつひこ》　　第 4 章執筆

1972 年生まれ，東京都出身．**最終学歴**：北海道大学大学院地球環境科学研究科博士後期課程．博士（地球環境科学）．**勤務先**：伊豆半島ジオパーク推進協議会．**調査地**：ヒマラヤ，中部山岳，伊豆半島．**専門**：自然地理学．**主な著書**：分担執筆『百名山の自然学 西日本編』古今書院，2002 年．分担執筆『地球変動研究の最前線を訪ねる』清水弘文堂書房，2010 年．分担執筆『新版 雪氷辞典』古今書院，2014 年．分担執筆『地形の辞典』朝倉書店，2017 年．【**好きな映像作品**】寺山修二の実験映像が好きだが，教育・研究のかかわりでいうと，NHK 特集の「地球大紀行」．もう 30 年前の作品だが，いまだ色あせない遜色ない出来栄えだと思う．

西原《にしはら》　智昭《ともあき》　　第 5 章執筆

1962 年生まれ，神奈川県出身．**最終学歴**：京都大学大学院理学研究科博士後期課程（動物学専攻）研究指導認定．理学博士．**勤務先**：国際 NGO WCS（Wildlife Conservation Society）コンゴ共和国支部．**調査地**：コンゴ共和国．**専門**：国立公園保全，野生生物多様性保全．**主な著作**：分担執筆「マルミミゾウ（象牙の取引）」『改訂　生態学からみた野生生物の保護と法律』講談社サイエンティフィック，2010 年．翻訳『知られざる森のゾウ──コンゴ盆地に棲息するマルミミゾウ──』（ステファン・ブレイク原著）現代図書，2012 年．分担執筆「象牙問題」『世界民族百科事典』丸善出版，2014 年．分担執筆「森の先住民，マルミミゾウ，そして経済発展と生物多様性保全の是非の現状」『アフリカ潜在力 第 5 巻 自然は誰のものか―住民参加型保全の逆説を乗り超える』）京大出版会，2016 年．【**好きな映像作品**】テレビドキュメンタリー「知られざる世界」，「生きもの地球紀行」，「宇宙船地球号」．

【編 者】

椎野《しいの》 若菜《わかな》　　イントロダクション，編集後記執筆

1972 年生まれ，東京都出身．**最終学歴**：東京都立大学（現 首都大学東京）大学院社会科学研究科博士課程社会人類学専攻単位取得退学．博士（社会人類学）．**勤務先**：東京外国語大学アジア・アフリカ言語文化研究所．**調査地**：ケニア，ウガンダ．**専門**：社会人類学，東アフリカ民族誌．**主な著作**：単著『結婚と死をめぐる女の民族誌──ケニア・ルオ社会の寡婦が男を選ぶとき』世界思想社，2008 年．編著『シングルの人類学 1　境界を生きるシングルたち』『シングルの人類学 2　シングルのつなぐ縁』人文書院，2014 年．共編著『セックスの人類学』（奥野克巳，竹ノ下祐二と共編）春風社，2009 年．**【好きな映像作品】**「新日本紀行　かわさき銀河鉄道の夜」（1973 年 2 月 19 日ＮＨＫ放映）．公害と中小零細企業が集まる川崎の下町に生きる若者のくらしや心情を，コンビナートの灯りのイメージを中心に構成した亡父・椎野禎文の作品．ドキュメンタリー作品の文学的手法の試みとしても興味深い．

福井《ふくい》 幸太郎《こうたろう》　　第 1 章，中扉執筆

1973 年生まれ，大阪府出身．**最終学歴**：東京都立大学（現 首都大学東京）大学院理学研究科博士課程地理学専攻．博士（理学）．**勤務先**：富山県立山カルデラ砂防博物館．**調査地**：氷河と永久凍土があるところ（南極氷床，南極半島，ロシアアルタイ山脈，カムチャッカ半島，ネパールヒマラヤ，飛騨山脈など）．**専門**：自然地理学，雪氷学．**主な著書**：分担執筆『図説　日本の山：自然が素晴らしい山 50 選』朝倉書店，2012 年．分担執筆『フィールドに入る（100 万人のフィールドワーカーシリーズ第 1 巻』（椎野若菜・白石壮一郎編）古今書院，2014 年．分担執筆『低温環境の科学事典』朝倉書店，2016 年．分担執筆『新詳地理資料 COMPLETE 2017』帝国書院，2017 年．**【好きな映像作品】**北海道テレビ放送製作「水曜どうでしょう」．南極越冬中に雪上車のなかで笑わせてもらいました．

【分担執筆著者】

安田《やすだ》 章人《あきと》　　第 2 章執筆

1982 年生まれ，兵庫県出身．**最終学歴**：京都大学大学院アジア・アフリカ地域研究研究科博士課程修了．博士（地域研究）．**勤務先**：九州大学・基幹教育院．**調査地**：カメルーン，南アフリカ共和国，北海道，福岡．**専門**：環境社会学，地域研究．**主な著作**：単著『護るために殺す？ アフリカにおけるスポーツハンティングの『持続可能性』と地域社会』勁草書房，2013 年．分担執筆『アフリカ潜在力 5　自然は誰のものか：住民参加型保全の逆説を乗り越える』（山越 言・目黒紀夫・佐藤 哲編）京都大学学術出版会，2016.『野生動物管理のための狩猟学』（梶 光一・伊吾田宏正・鈴木正嗣編），朝倉書店，2013.**【好きな映像作品】**「Into the Wild」（2007 年 ショーン･ペン監督）．「己を探すために荒野に入る」って，まさにフィールドワーカーですよね．

【編者】
椎野《しいの》 若菜《わかな》　東京外国語大学アジア・アフリカ言語文化研究所勤務
福井《ふくい》 幸太郎《こうたろう》　富山県立山カルデラ砂防博物館勤務

シリーズ全 15 巻監修：椎野若菜

FENICS（Fieldworker's Experimental Network for Interdisciplinary CommunicationS）

FENICS は学問分野や産学の壁にとらわれずフィールドワーカーをつなげ，フィールドワークの知識や技術，経験を互いに学びあい，新たな知を生み出すことを目指すグループ（NPO 法人）です．フィールドワークをしている，フィールドワーク／フィールドワーカーに興味のあるあなたも FENICS に参加してみませんか？ まずは以下の Web サイトをたずねてみてください．登録して会員になると，フィールドワーカーから Web 上で，メルマガで，あるいはイベントで生の情報を得ることができます。下記の HP にアクセス！

http://www.fenics.jpn.org/

FENICS 100 万人のフィールドワーカーシリーズ　第 6 巻

書　名　**マスメディアとフィールドワーカー**

コード　ISBN978-4-7722-7127-1

発行日　2017（平成 29）年 8 月 15 日　初版第 1 刷発行

編　者　**椎野若菜・福井幸太郎**

装　丁　有限会社 ON　山﨑菜緒　http://www.on-01.com

発行者　株式会社 古今書院　橋本寿資

印刷所　株式会社 理想社

製本所　株式会社 理想社

発行所　**古今書院**　〒 101-0062 東京都千代田区神田駿河台 2-10

TEL/FAX　03-3291-2757 / 03-3233-0303

ﾎｰﾑﾍﾟｰｼﾞ　http://www.kokon.co.jp/　検印省略・Printed in Japan

1　フィールドに入る　＊既刊（2014 年 6 月）

椎野若菜・白石壮一郎　編

どうやって自分の調査地に入っていったのか？ アフリカの農村から北極南極の雪原まで、調査初期段階のエピソードを中心に紹介。現地の協力者と出会い、多くを教えられ調査地になじんでいく過程を描くシリーズ入門編。

2　フィールドの見方　＊既刊（2015 年 6 月）

増田研・梶丸岳・椎野若菜　編

学問分野が異なれば、同じものを見ても、同じ場所にいても、同じテーマを扱っていても、考え方や分野の違いによってフィールドを見る眼が違ってくる。違いのおもしろさを発見し、研究の新たな可能性を探る。

3　共同調査のすすめ

大西健夫・椎野若菜　編

文理横断型の学際的な共同調査に参加することで、どのようなことに悩んだり苦労したのか、そして、どのような発見と自身の成長があったのか。フィールドワーカーの葛藤と飛躍を、共同調査の経験者たちが語る。

4　現場で育つ調査力

増田研・椎野若菜　編

フィールドワーカーの養成と教育がテーマ。初学者である学生に関心をもってもらうための工夫、専門家養成のためのさまざまな試みを披露する。調査技術の体系的伝授が先か？ それとも現場力や行動力が重要なのか？

5　災害フィールドワーク論　＊既刊（2014 年 9 月）

木村周平・杉戸信彦・柄谷友香　編

被害軽減という社会的な課題のために、狭い分野にとらわれない多様なアプローチが災害調査には求められる。さまざまな分野のフィールドワークを見渡すとともに、災害の地域性を考えていく。

6　マスメディアとフィールドワーカー

椎野若菜・福井幸太郎　編　＊既刊（2017 年 8 月）

研究成果を発信するとき、フィールドワーカーはマスメディアとかかわりをもつ。メディアに対して、どのようなスタンスをとればよいのか？ 報道の結果に対して調査者たちはどのような意見をもっているのか？

7　社会問題と出会う　＊既刊（2017 年 6 月）

白石壮一郎・椎野若菜　編

調査をすすめていく過程で、その地域の社会問題と向き合わざるをえなくなったとき、フィールドーワーカーは何を感じ、どう行動したのか？ 調査を通して社会問題が姿を変えながら浮上する局面を生き生きと伝える巻。

8　災難・失敗を越えて

椎野若菜・小西公大　編

予期せぬ事態にどう対応したのか？ フィールドワーカーたちは、想定外の事件に遭遇したり、命の危険があるほどの失敗があっても、現場に対処しながらくぐりぬけている。今だから語れる貴重な体験談がおもしろい！

9　経験からまなぶ安全対策

澤柿教伸・野中健一　編

天変地異、病気、怪我、事故、政変、喧嘩など、予期せぬさまざまな危険からどう身を守るのか。「予防」と「対策」をテーマにした実用的な巻。個人レベルから組織レベルまで、安心安全のための知識と方法と教訓が役立つ。

10　フィールド技術のDIY

的場澄人・澤柿教伸・椎野若菜　編

現場での調査観測は、必ずしも予定通りに進まないことが多い。また思わぬ事象、現象、資料に遭遇することもある。想定外のチャンスを、現場で、また研究室でどのようにものにしたのか。その苦労、工夫を紹介する。

11　衣食住からの発見　＊既刊（2014 年 6 月）

佐藤靖明・村尾るみこ　編

現地の衣食住とかかわることで、思いがけないプラス効果やマイナス効果に出会う。その先に、次なる展開がまっていることも。衣食住をきっかけに、フィールドワーカーが成長し、研究テーマを深めていく過程を描く。

12　女も男もフィールドへ　＊既刊（2016 年 6 月）

椎野若菜・的場澄人　編

ジェンダーとセクシュアリティがテーマ。女性の苦労、男性の苦労、妊娠・出産・子育てしながらの調査、長期の野外調査と家庭の両立など、フィールドワーカーの人生の試行錯誤が語られる。

13　フィールドノート古今東西

梶丸岳・丹羽朋子・椎野若菜 編　＊既刊（2016 年 4 月）

情報化が進み、世界中のデータがデジタル化される現代にあっても研究者は手書きで記録を取っている。フィールドでの記録の手法を学際的に比べることで、フィールドノートのさらなる発展を期することを目指している。

14　フィールド写真術　＊既刊（2016 年 12 月）

秋山裕之・小西公大　編

写真撮影を上達したいフィールドワーカーのために、一眼レフカメラによる写真撮影の基礎から、フィールドでの撮影条件を意識した主題を的確に描写するためのテクニック、芸術性の向上につながる写真術について概説。

15　フィールド映像術　＊既刊（2015 年 1 月）

分藤大翼・川瀬慈・村尾静二編

映像についての理論編、制作編、応用編からなり、フィールドワーカーが映像を活用するにあたっての注意点から、現地の人びとともにつくる映像、自然・動物を相手にした映像まで分野を横断したフィールド映像術。

＊ 2017 年 8 月時点の既刊は 10 冊です．
次回は 4 巻（2017 年 11 月），
3 巻，8 ～ 10 巻は 2018 年刊行予定．